U0433686

世界城市(上海)文化论坛演讲录

Best Speeches of World Cities Culture Forum (Shanghai) Symposium

2012—2015

主　编　黄昌勇　　[英] 保罗·欧文斯
执行主编　徐一文　　[英] 卢恩媛

復旦大學出版社

目 录

001
上海：作为世界城市的文化自觉

黄昌勇

011
城市文化主旨：创造、分享和购买

约翰·霍金斯

017
多样性与历史传承性有机结合：八种城市类型的文化政策

安迪·普拉特

025
纽约：城市文化建设及其面临的挑战

凯特·D·莱文

033
巴黎独特的文化韵味及其文化产业布局

奥迪勒·苏拉尔
卡里纳·卡莫尔

039
东京：城市文化的平民化结构与力量

今村有策

世界城市（上海）文化论坛演讲录 2012—2015

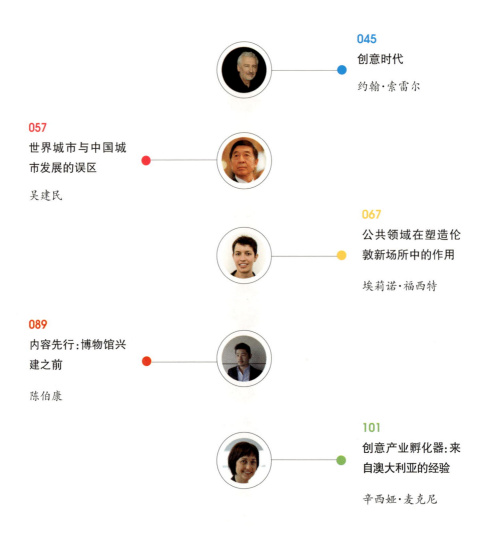

045
创意时代
约翰·索雷尔

057
世界城市与中国城市发展的误区
吴建民

067
公共领域在塑造伦敦新场所中的作用
埃莉诺·福西特

089
内容先行：博物馆兴建之前
陈伯康

101
创意产业孵化器：来自澳大利亚的经验
辛西娅·麦克尼

目 录

111

从伦敦视角透视如何打造全球时尚之都

安德鲁·塔克

127

时尚的上海,创新的上海

朱晓明

133

公共精神:人们如何参与南岸中心

裘德·凯利

143

携创新之力迈向可持续时尚

萨琦娜

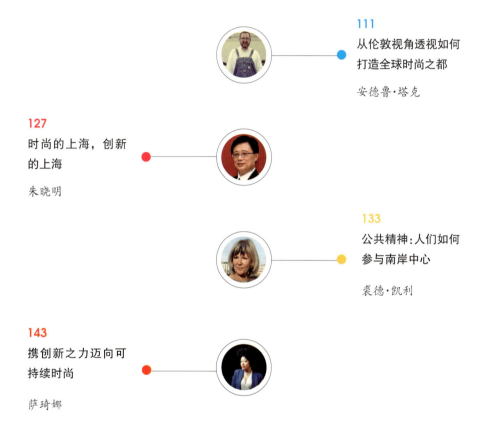

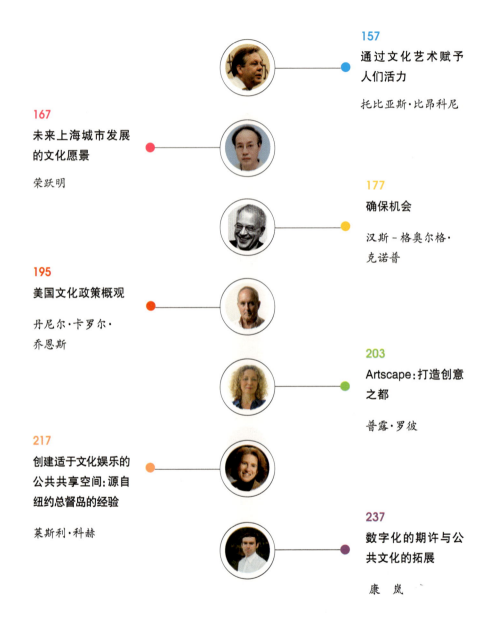

157
通过文化艺术赋予人们活力

托比亚斯·比昂科尼

167
未来上海城市发展的文化愿景

荣跃明

177
确保机会

汉斯－格奥尔格·克诺普

195
美国文化政策概观

丹尼尔·卡罗尔·乔恩斯

203
Artscape：打造创意之都

普露·罗彼

217
创建适于文化娱乐的公共共享空间：源自纽约总督岛的经验

莱斯利·科赫

237
数字化的期许与公共文化的拓展

康 岚

Contents

001
Practice and Space of Shanghai City Culture Development

Huang Changyong

011
Cities Cultural Theme: Creation, Sharing and Participation

John Howkins

017
Organic Integration of Diversity and Historical Heritage: Cultural Policies of Eight Cities Types

Andy C. Pratt

025
The Challenges Facing New York's City Culture

Kate D. Levin

033
The Unique Cultural Charm of Paris and Its Cultural Industries Layout

Odile Soulard
Carine Camors

039
Structural Features and Development of Tokyo City Culture

Imamura

045

The Age of Creativity

John Sorrell

057

World Cities and the Misunderstanding of Urbanization

Wu Jianmin

067

The Role of Public Realm in Shaping London's New Places

Eleanor Fawcett

089

Content First: A Museum Before a Building

Aric Chen

101

Creative Industies Incubation: An Australian Experience

Cynthia Macnee

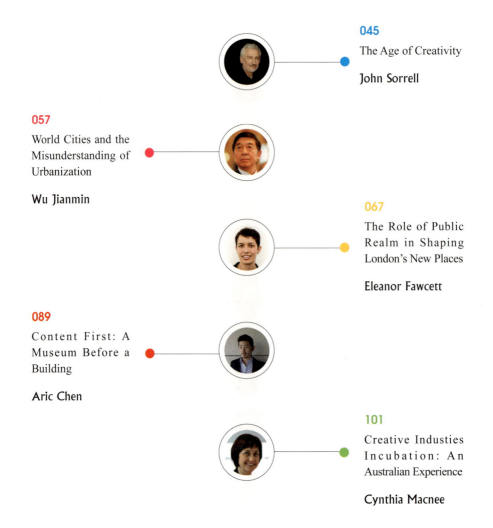

Contents

111

How to Succeed as a Global Fashion Capital: The London Perspective

Andrew Tucker

127

Fashion in Shanghai, Innovation in Shanghai

Zhu Xiaoming

133

Public Spirit: How People Get Involved at Southbank Centre

Jude Kelly

143

Innovation Towards Sustainable Fashion

Sakina M'SA

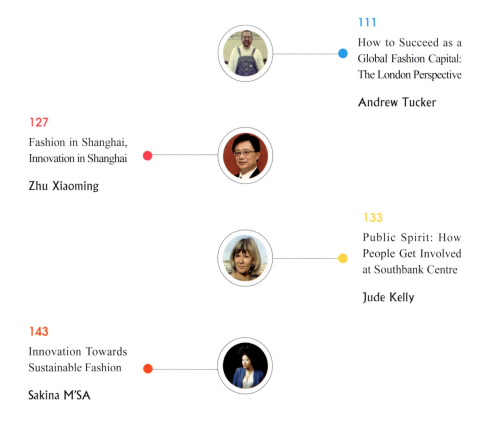

世界城市（上海）文化论坛演讲录 2012—2015

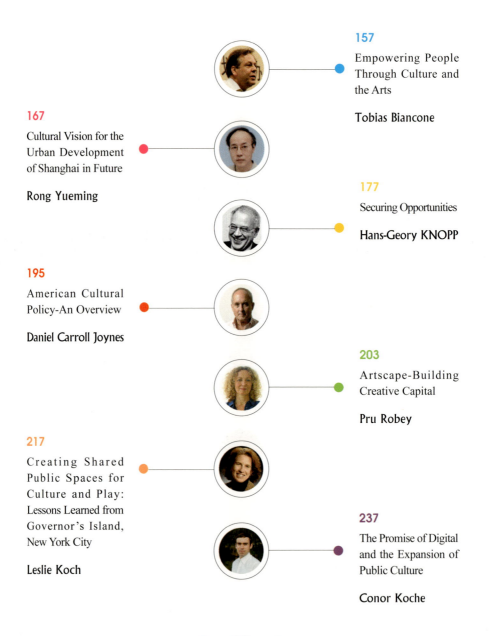

157
Empowering People Through Culture and the Arts

Tobias Biancone

167
Cultural Vision for the Urban Development of Shanghai in Future

Rong Yueming

177
Securing Opportunities

Hans-Geory KNOPP

195
American Cultural Policy-An Overview

Daniel Carroll Joynes

203
Artscape-Building Creative Capital

Pru Robey

217
Creating Shared Public Spaces for Culture and Play: Lessons Learned from Governor's Island, New York City

Leslie Koch

237
The Promise of Digital and the Expansion of Public Culture

Conor Koche

上海：作为世界城市的文化自觉

Practice and Space of Shanghai City Culture Development

◎ 黄昌勇

Huang Changyong

演讲人简介

黄昌勇，男，1966年12月生，河南潢川人，现任上海戏剧学院院长，教授、博士生导师。全球城市（上海）文化观测研究中心（MCAC）主任，《艺术管理》杂志主编，世界城市文化协同创新中心发起人、首席专家；兼任同济大学教授、博士生导师，教育部高等学校艺术学理论类教学指导委员会副主任委员，全国艺术学会艺术管理委员会副会长，上海市政协委员、学习委员会副主任，上海市人民政府决策咨询特聘专家。

Prof. Huang Changyong is born in December 1966 in Huang Chuan County, He Nan Province of China. He is the President, professor and supervisor of doctorate candidate of Shanghai Theatre Academy, Director of Metropolitan Cultural Audit Center (MCAC), chief editor of Journal of Arts Management, the initiator and chief expert of World Cities Co-ordination Centre for Culture and Innovation. He also serves as professor and supervisor of doctorate candidate of Tong Ji University, vice chairman of the Steering Committee of Art Theories Categories Teaching of Higher Education under the Ministry of Education, vice chairman of Arts Management Committee under Chinese National Arts Academy, member of Shanghai Municipal Committee of the Chinese People's Political Consultative Conference (CPPCC), deputy director of Learning Committee of Shanghai CPPCC, special expert for Decision-making of Shanghai Municipal People's Government.

作为国际大都市，上海的城市文化可以从三个方面进行阐释：一是从时间和空间关系中看，作为大都市的上海文化历史；二是两个关键概念，就是"两次跨越"与"两个时代"；三是世界城市或国际文化大都市与上海文化自觉。

上海文化不仅是中国的热门话题，而且也是一个世界性的话题。首先，从时间和空间关系的角度来观察上海开埠以来的历史显然很有必要。这里笔者有意试图省略开埠以前的上海历史文化，需要说明的是，这样做，并不是说那一段历史不重要；而是认为，近现代意义上的上海城市文化，从开埠这样一个起点来描述更为合理。

从1843年开埠到现在，也不过170年的历史，两个世纪不到，比起西方一些历史悠久的大都市来说，上海是座年轻的城市，但其魔力和魅力却没有人能够轻视。

1843年到2012年，从时间的链条和空间的延伸，笔者大致将其分为三个阶段。

第一阶段为1843—1949年。这是一个漫长与苦难共生、繁华与萧条并存的世纪。上海的复杂性在这个时期得到充分展现：一个远东大都会在苏州河两岸崛起，一座东方的巴黎在黄浦江畔挺立，这里是冒险家的乐园和生死场。这100年铸造了老上海的文化时空，并且至今还影响着上海，特别是上海的世界性构成要素。

从空间关系上来看，上海文化空间的主导因子，是以租界为中心而形成或彰显的。人们可能有一个认同：到现在为止，作为主导上海文化的主导因子和重要空间，还是以当年租界为中心形成的因素和地带。但是作为一个现象，可以肯定租界的扩展是有规律的。一开始，它沿着苏州河两岸向西部扩张，主要是以外滩为中心形成了一个英租界，后来是公共租界，再向西就是法租界。同时，它沿着苏州河向两岸扩张，接着就是向北，又形成一个新的地带，沿着杨浦区和黄浦区的滨江这一带又进一步扩张，形成美租界。

我认为，这样几个空间非常有意思，可以把它看成"3+3"空间。前面的"3"：一是指以外滩为中心的英租界形成的政治文化中心；二是以现在的淮海路（法租界）为中心形成的上海时尚资源（事实上这一带目前仍然是展现当今上海的时尚地标）；三是以美租界为中心的北四川路地区，由日本的侨民，还有美国的侨民，加上浙江宁波等地外来的人口构筑的有着"华洋杂处、五方会聚"的平民色彩，体现的是上海一般市民、外来移民普通生活的一面。这样的三个中心共同构成了一座城市的政治经济文化中心。

由于外滩为中心的租界心脏地带以政治经济为主，杨树浦一带一开始就定位为公用事业和工业区。这一带形成了大型工业区，成为上海城市工业化历程的起点和中国工业的发源地，诞生了中国第一代工业区。

沿着苏州河向西，以两岸为分布区域，形成了另外一个重要的沪西工业区，但这一区域更多的是汇聚了大量的民族产业。租界沿着苏州河和北四川路扩张，对华界形成了东南包抄的局势。而上海、宝山两县也不断在境内发展近代工商业和市政基础设施，加速城市近代化，力图与租界相抗衡，促使一个崭新的闸北工业区也在苏州河北岸兴起。这样三个工业区构成了三个质地不同的板块。

以上所述的几大板块基本上构成了1949年以前上海城市空间整体的布局特征。

第二阶段 1949—1979 年。这一阶段有 30 年的历史，在此时期，上海的文化空间以及格局相对处于一定的稳定状态。与社会主义计划经济特征相适应的意识形态文化空间基本形成，典型的就是"市宫""东宫""西宫"三大文化宫的建立以及 1949 年以前大量文化设施以及功能的转换。租界时期形成的文化特征受到压抑并向海外转移生长。

第三阶段是 20 世纪 80 年代至今。在此时期，1949 年以来相对稳定的局面开始被打破，城市空间迅速扩张，由于大拆大建，使得上海的历史天际线越来越模糊。许多人认为，这个时期，上海城市建设取得了空前的规模与发展，但最大的失败就在于没有注意到在城市第二次现代化过程中，如何区分旧城和新城。

与此同时，特别富有意味的是 20 世纪三四十年代上海的文化惊魂开始浮出地表，尤其通过大量港台影视文艺作品，形成了影响至今的怀旧风尚。

改革开放以来，一股非常浓郁的怀旧情绪笼罩了整个上海，形成了一种氛围、一种气质，甚至代表了上海这座国际都市的特征和符号。无论是国外的游客还是国内稍有一定文化层次的游客，对旧上海元素的喜好都多于对上海当下飞速发展的关注。

这其中的原因何在？笔者认为，可以从几个方面来解读：

第一，1949 年后，特别是 20 世纪 50 年代以来，强大的民族主义，特别是一切"以阶级斗争为纲"的意识形态对此前的上海文化构成了很大的消解；但 80 年代以后，新中国与旧上海的对立场域逐渐消失，使旧上海的还原与叙述成为可能。

第二，1949 年后，上海作为一座现代大都市，其特有的海派都市文化，包括物质主义、消费主义等突出特征在 20 世纪 50 年代以后逐渐淡化和消失。而 80 年代兴起的市场经济恰巧又使上海回归其固有的物质主义和消费主义文化成为可能，因而，上海自然而然要跨越近 30 年的中断历史而重新回到上海20世纪三四十年代的文化情境。

第三，这同上海的历史、人文包括建筑在内的特征也有很大的关系。一个非常有意思的现象是，当我们谈到上海，人们最感兴趣的还是旧上海的那几块地方。旧上海的租界现在依旧是上海最受关注的地点。1949年后，关于旧上海的叙事开始了一种新的变更，上海叙事随着大批转向港台以及海外的华人得以接续，而这些叙事在20世纪80年代后以作品的方式重新回到并影响着人们对上海的认识和想象。1949年到80年代形成了30年的叙事真空，强大的怀旧潮淹没了人们对这30年城市文化构造的深沉和全面的思索。当然这股强大的怀旧风潮影响至今，从海外华人到国内民众，其中深刻的原因缺乏讨论，在30年间如何处在压抑的状态，今天重现有如何的想象和变形，都需要我们细致地去探讨。

第三阶段，1980年到至今，也就是改革开放到现在。这期间一个很大的问题就是我们没有很好地区分旧城和新城。其实，1949—1979年，上海本身物理载体还保持得很好，但是，20世纪80年代以来并没有很好地保护这些载体。因为这些载体保留了固有的上海文化特征和文化符号或者说文化记忆、文化想象，这些破坏对上海今天的城市文化造成了一些负面影响。

老上海的文化时空主要围绕着租界展开，上海城市空间的发展之所以跨越了苏州河，主要是因为这个发展过程是沿着租界而扩张的。这是上海文化空间的第一次跨越。

改革开放以后，上海仍然没有摆脱租界时代文化空间的巨大影子，租界的中心区域、今天的黄浦(原南市部分除外)、卢湾(现已并入黄浦区)、徐汇、长宁等区域仍然构成上海生活的"高尚"地带。新中国成立后形成并繁盛一时的工业区，包括北四川路，不可挽回地开始衰败并寻求转型和新生。普陀、虹桥因新的地理优势和新移民，形成新的文化带；杨浦因为依托大学资源和五角场城市副中心的定位，也成功起飞。

因此，可以大致这样说，20世纪90年代以前，上海仍然处于苏州河为中心的时代，苏州河仍然是上海城市发展的中轴线。虽然从行政区域上看，黄浦江的地域早已处于上海的中心，但浦东城市化的缓慢进展，使上海仍然延续着近一个半世纪的"西城东乡"空间格局。

1992年，浦东开发开放，大桥飞架，隧道贯通，陆家嘴与外滩遥相呼应，打破了上海延续近一个半世纪的"西城东乡"格局，"浦江两岸"成为上海新的指代。

浦东以其金融、科技等方面的巨大进步和影响力，特别是汇聚在陆家嘴的标志性巨型建筑，几乎成为上海的新名词。但是，我们也看到，20年的发展注重的是经济金融的高度能效，文化的影响力和辐射力没有提到应有的高度，缺乏有效的应对措施，可以说1992年以来的跨越起步于经济，所以形成了城市空间的割裂现象，如张江高科园区和陆家嘴金融贸易区都远离富有活力的城市生活空间。

经过近20年的飞速发展，2010年上海世博会书写了上海城市发展的第二次跨越，这就是对黄浦江的跨越。而这次跨越将实现由1992年以来的经济跨越向文化跨越的转换。世博会是一次重大的文化上的链接，上海文化空间的转移与定位将形成一个随着滨江带的发展、延伸而不断进行的持续跨越。

基于此，笔者认为，从1992年浦东开发到2010年世博会，上海完成了文化空间生产的第二次跨越：从苏州河时代到了黄浦江时代。

开埠以来170多年，沿着上海的一河一江，实现了两次跨越：从经济跨越到文化跨越。世博会也是一次文化链接，我们期待黄浦江滨江带的持续跨越。

从苏州河的时代到黄浦江时代，上海的文化建设进入了一个自觉的时代。

2010年上海世博会选址在上海浦江两岸最重要的区域。如果大家看上海的版图，上海世博会占据了上海所有版图最中心的地点。世博后怎么利用，事实上提出了很多方案。我们现在来看，应当说文化的选择占到上风，就是以文化的发展作为中心。这个选择不是偶然的，而是必然的，是和当今世界文化发展的潮流相匹配的。世博的浦西园区将建世博会博物馆，世博会的通用汽车馆将建成上海儿童剧场，还有中华艺术宫、上海当代艺术博物馆等，这样一系列的景观就会打造出上海第二个文化中心。笔者认为，第一个文化中心是以人民广场、南京路为中心的；第二个文化中心就将是以浦江两岸、世博会遗址为中心的。这两大文化中心将引领上海文化空间的再生产。

大家可以看到美国迪士尼落户浦东，这也可以看成上海文化空间世界性因素的重建，这种重建使人觉得它的意义是非常巨大的。我们也看到，上海作为国际文化大都市与当今世界上发达的国际文化大都市、世界城市还是有很大差距的。我们现在对愿景非常乐观，但是也要清晰地看到，上海作为世界城市、作为文化大都市有很多工作要做。

从改革开放到现在，我们建设上海国际化大都市才30年。上海要建四个中心，这四个中心也是我们的着力点，特别是2011年上海正式提出了至2020年建成国际文化大都市的愿景，现在距离目标还有8年，时间非常紧迫。

我们现在有很多差距，而且这种差距感还很强。1949年以前上海的人口中85%是外地人，上海本地人只有15%，目前的状态怎么样？现在拿不到详细的数据，但可以估计目前上海人口中外地人只有30%，这个差距是非常大的。再看一个数据，近代的上海汇聚了15万外国人，而到2011年，外国人在上海常住的只有14.32万。这个数据和上海2 300万庞大的常住人口来比较，是非常小的。目前上海的国际留学生只有4万多人，这个数字和纽约、东京、巴黎相比差距太大，差不多是一二十倍。总体而言，上海的国际化因素与国际大都市相比还是有距离的。

上海与其他国际大都市相比，其文化多样性也还不够。有一点应特别注意的是，上海的国际社区目前还不是很发达。我们知道，在其他任何国际大都市都有像中国人集聚的唐人街等社区，上海在这方面的特征不是很明显，这些都是有待思考的问题。上海提出要建设国际文化大都市，一方面提升公共文化建设，一方面提升文化创意产业，我们觉得这个目标是否过于重视产业，对产业给予太大的希望，而对于公共文化建设我们可能还有很多事情要做。我们认为，文化建设不能太直接，更多的是要提供一个环境、一个基础、一个生态，从而引领更多的人聚集在一起来为文化作贡献。

城市文化主旨:创造、分享和购买

Cities Cultural Theme: Creation, Sharing and Participation

◎ 约翰·霍金斯
John Howkins

演讲人简介

约翰·霍金斯是全球创意经济发展的领军人物,是畅销书《创意经济》(2001)和《创意生态学》(2009)的作者,曾为30多个国家的众多公司,政府和公共机构提供咨询服务。他是2006年由上海戏剧学院成立的约翰·霍金斯创意经济中心主任。他是《阿德菲创造力、创新性和知识产权宪章》的奠基人和指导人,曾制订"伦敦知识产权咨询服务"(Own It)。现担任英国银幕咨询理事会(BSAC)的副主席,并担任人文艺术研究委员会(AHRC)的理事。他提供世界创意经济领域全球趋势的最新信息,并指出艺术、创意、设计和媒体的重要性。

John Howkins is a leading figure in the global development of creative economies. He is the author of the bestselling *The Creative Economy*' (2001) and *Creative Ecologies* (2009). John has advised numerous companies, governments, and public agencies in over 30 countries. He is director of the John Howkins Centre for the Creative Economy, established by the Shanghai Theatre Academy in 2006. He is the founder and director of the Adelphi Charter on Creativity, Innovation and Intellectual Property, and devised the London Intellectual Property Advisory Service (Own It). He is deputy chairman of the British Screen Advisory Council (BSAC) and a council member of the Arts and Humanities Research Council (AHRC). He provides up-to-date information on global trends in the world's creative economy and points out the importance of art、creativity、design and media.

2012年3月，我应邀到美国纽约参加一个国际会议，与来自世界9座城市的代表进行讨论。那时正值纽约初春时节，我很早到了会场，在咖啡吧喝咖啡，环顾四周，看看有没有早到的人。那里几乎都是年轻男女，给人以一种孤独、孤僻的感觉，此外他们都带着耳机，每人手里至少还持有两个电子设备。我跟他们聊了聊，他们是一些画家，也有一些从事音乐等其他艺术工作的。这是我在咖啡馆的一个小插曲。此情景可能比较普通，但却是一种纽约城市创新和创意的味道所在，也是我在纽约对文化的感觉。

为什么谈这个小插曲呢？有的时候我们更多的是谈政策、战略规划、项目等，都说没经费，没预算，这又怎样呢？我在这个咖啡吧感觉到年轻人有一种对文化的认同感。其实，创新和创意不一定都和金钱有关系，而是在彼时、彼景、彼人有这样的想法。彼景，这个地点也很重要，关键是怎么样把文化底蕴给激发出来。人们常常说铸造文化或者说创造文化等，其实文化更应是一种自然而然的过程。

另外，还要购买文化。什么叫购买文化？购买文化的含义是什么？其实，购买文化的特征是指不仅仅是体验一次，更是购买之后可以长久、多次地进行体验。这也是文化产业很重要的一部分，就是要有人去买，去消费。

谈到城市，比如上海这座大都市，有很多新的建筑，包括集群、人群、噪声、混乱的情况，拥挤的情况；包括明星、成功人士、社会精英等，包括一些实习生，还有大量的学生，各种各样的人都有。我用"混沌"这个词来形容。我们需要"奇怪"的人，都市中那些奇奇怪怪的人很重要。城市作为一个整体，一个集合体，是一个不稳定的状态，不稳定就是动荡。包含着各个街区、街道，还有那些神秘的地方。每个空间都有自己的面貌，有自己的味道，有自己的气韵。这种情况在持续变化，每一个方面都对城市的生活做出贡献。

我住在伦敦中心地带，步行两分钟就可以到相关的艺术区，再走两分钟就是电影制造业的地方，这里到处都是酒吧等消费场所。而如果再走四分钟，就是完全不同的环境。伦敦像其他文化城市一样需要这样的环境，我也在想我们的城市生活文化到底应该是什么样？

我非常喜欢戏剧表演，戏剧需要一部剧本以及导演、灯光、影像效果等。戏剧要有这样的艺术效果：它使得人们短暂地处于一种"囚禁"的状态之中。最令人惊讶的是，很多演员其实过去也曾经是囚犯，或者是战犯，戏剧就是在这样的历史背景下产生的。我们现在是互联网的时代，人们可以通过竞标的方法来选择一个域名，比如伦敦，它现在也在做这样的竞标，包括艺术的竞标。这大体反映了艺术在互联网时代的情况。

我曾与家具设计师进行过类似的沟通，他们有类似的创意，并且制作了艺术产品，这样的艺术产品美妙无比。我也和美术馆的工作人员进行过类似的沟通，发现伦敦其实正好是这样一个原创型家具市场，甚至我和他们还谈到了圣保罗，我也去过那里两座非常大的美术馆。我也到过佛奈克（英音）这个地方，这是法国非常成熟的娱乐产品连锁店，过去法国的 CD 销量非常大，那个店铺真的是非常美妙。伦敦没有这样的美妙店铺，我不知道上海怎么样。这样的店铺展示了各种各样的文化，各式媒体的文化里都可以体现到，空间非常大。我想，城市的文化也是如此，不仅仅是创造或者是展示，还有分享和购买，这是文化的主旨和精髓。

文化到底是什么，文化的定义是什么？我也想找出这样的定义，但是很难。我知道，我们讨论的世界城市文化发展报告是基于 OECD 的文化定义；而我的定义是什么呢？我的定义与之来源不同。它来自波士顿一个著名的诗人，这位诗人很早就来到伦敦，20 世纪 20 年代的时候就来了，他是 20 世纪最伟大的诗人之一。他写了一篇散文，谈到了文化的两个定义：一个是艺术和美学的定义；另一个是哲学的定义。人们如何行为，如何穿着，如何处理和别人的关系，如何饮食，如何为自己的家具装饰，这是一个文化定义的层面。

2012 年春，我们在纽约进行了这样的讨论。我们讨论了星巴克，把这种文化引入社区的老人之中，关注到了如何照顾人们，所以这是另外一个看文化的层面。这样的定义也是非常有意义的。

关于文化其实还有第三个含义，我想是科学家使用的定义。比如说，他们称这个文化是一个人为这样的环境，好像用营养物来支持其他物品的增长。所以从这个角度来说，文化是一个人为化的环境，人们创造这样的环境来使其他东西繁荣。我想这样的含义也非常有意思。

纽约会议也谈到了版权，我们也意识到版权对艺术是重大转折点。比如说，18、19 世纪，艺术往往是由单独的个人或者天才所主导的，或者由伟大的文化机构主导；而 20 世纪的艺术比如说电影、电视，或者是公共文化、大众文化，往往是体现一种集体主义，集体主义成为我们现在所讨论的话题了。

现在我谈到文化的下一个阶段，即参与，从集体作用谈到参与性。比如说，英格兰的爱丁堡艺术节，这是一个非常大的艺术节，其三分之一的经费是花在参与上面，艺术节得到了政府的支持。除此之外，更应当考虑的是我们需要怎样的信息才能帮助人们理解艺术的创造性或者创意文学。我们每个人在各自城市当中必须要寻求这个问题，同时各座城市也必须一起合作。需要深思的是：我们到底有怎么样的文化愿景，不仅仅是在当下的预算或者当中我们到底有怎样的愿景，更重要的是要看到我们的长远愿景是什么。不论是上海、伦敦、纽约,我们都要看其长久的愿景是什么,然后看其政府将在其中扮演怎样的角色,应该怎样来支持这样的愿景。我希望文化同仁都能够很好地解答这些问题。

多样性与历史传承性有机结合：
八种城市类型的文化政策

Organic Integration of Diversity and Historical
Heritage: Cultural Policies of Eight Cities Types

◎ 安迪·普拉特
Andy C. Pratt

演讲人简介

安迪·普拉特是一位国际知名的文化产业专家。他是英国皇家艺术学会会员，皇家地理学会会员，社会科学院院士。他曾任职于伦敦大学学院（巴特利特规划学院）和伦敦经济学院（地理学和城市研究中心），于2009年加入伦敦国王学院，担任文化、媒体和经济学教授。

他发表了100多部作品，包括书籍和文章等。专门研究美国，欧洲和日本的文化产业。这项研究有两个方面。第一部分侧重于文化产业的城市空间聚集，聚焦于集群的社会和经济动态。第二部分涉及文化或创意产业中就业的定义和测量。他制定了文化部门的定义，作为贸发会议和教科文组织的标准措施。安迪最近的研究项目由英国研究委员会资助，他担任伦敦创意经济中心的450万英镑的主要拨款的联合首席调查员。安迪曾担任国家和城市政策制定者，欧盟、联合国教科文组织、贸发会议和世界知识产权组织以及英国文化协会的顾问。

Andy is an internationally acclaimed expert on the topic of the cultural industries. He is a fellow of the Royal Society of Arts, a fellow of the Royal Geographical Society, and an academician of the Academy of Social Sciences. He has held academic appointments at University College London (Bartlett School of Planning) and LSE (Geography, and Urban Research Centre). He joined King's College, London as Professor of Culture, Media and Economy in 2009.

He has published over 100 items: books, chapters and articles. Andy specializes the analysis of the cultural industries in the US, Europe and Japan. This research has two strands. The first focuses on the urban spatial clustering of cultural industries; he is particularly interested in the social and economic dynamics of clustering. The second strand concerns the definition and measurement of employment in the cultural, or creative, industries. He has developed definitions of the cultural sector that are used as standard measures by UNCTAD and UNESCO. Andy has had major recent research projects funded by UK research councils. He is currently co-principal investigator for a major grant of £4.5m to develop a Creative Economy Hub in London. Andy has worked as a consultant or advisor for national and urban policy makers, and the EU, UNESCO, UNCTAD, and WIPO, and the British Council.

当代城市需要关注的最大问题、最核心的问题是什么？我认为要关注的是城市与文化的关系。在此问题上，可以就宏观背景来谈城市与文化的关系，但也需要谈竞争的关系。需要说明的是，我并不想专注于谈一座城市，而是要谈所有的城市。如何进行这样的旅程呢？

首先，我要谈的是关于世界城市和文化。地球在过去 50 年发生变化的显著特征就是世界城市的出现以及全球城市的出现，不管选择什么样的名称，可以看到这些城市在国际的网络当中被日益地联系起来了；与此同时，这些城市已深深地植入了当地的环境。由于有这两个方向的发展，因此就带来一些非常有意思的情况，一系列非常有意思的挑战。约翰·霍金斯 (John Howkins) 谈到了关于文化的定义，以及世界城市和全球城市与文化的连接和关系，认为这种关系是多元的。我认为，这一点非常重要。但是，谈到文化的定义，我要重申一点，就是关于物质层面的，也就是说一方面是文化层面，还有一方面是非文化层面的；或者说一方面有物质层面，另一方面有非物质层面。物质层面和非物质层面并不是隔离的，而是联系的，因为我们的城市实际上是互相联系的，它们是一系列的对话。

在各个对话当中需要听到我们的声音，所以文化和城市是息息相关的。我想跟大家分享的是文化城市之间有千丝万缕的联系，我们怎么样去解读这个联系。比如说 40 年前或者 30 年前人们有一种担心，包括大城市的涌现，这在经济上面是最大的，但是文化上面并不是最有利的；人们谈到怎么样把文化和经济活动结合在一块儿；等等。这是 40 年前或 30

年前人们的想法。现在大家都说伦敦是不是要建世界的金融中心,就是在某种层面把文化弱化了。通常的情况是,大家都谈到文化重要性,但这要放在经济之后的,因为经济是第一位。但是随着时间的推移,大家的思维逐渐发生了变化,文化不再是第二位的、附属的,有时候在某种情况下文化是主导性的、第一位的。这是过去几年,在城市的发展过程当中,文化塑造城市作用在逐渐地被大家所认识所出现的情况。所以在当代,文化在某种程度上已经超越了经济和其他行业,上升为第一位或主导的地位,这样城市和文化的关系就更为息息相关了。

再谈两个形式。在过去,人们谈到文化和世界城市,城市周边会建造城墙,也就是说形成一座封闭的城市,这样的话,城市的文化也成为封闭的文化。如今,这个历史已经过去了,现代城市是开放的,呈现开放的格局。这样的话,文化的多样性也日益上升,所以传统的封闭文化,已经变成了更为开放多样的文化。这是文化的两个不同形式,它们对文化的诠释也更为具体。

大家谈到了文化与世界城市之间的关系,其实文化或者城市不一定是历史最悠久地位就最高,而是要考虑不同的方式。大体上说,城市有以下的几个因素或者说有八种城市的类型:第一种城市是省城,或者是宗教性质的城市,还可算上贸易城市;第二种城市,包括一些商品转口的城市,也包括一些商品出口的城市等,它们通常与贸易相关;第三种是工业和制造业城市;第四种是风光秀丽的城市;第五种就是历史感很厚重的城市,我们把它称为历史的城市,来自世界各地的许多游客到这座城市旅游参观考察;第六种城市是国际投资城市,是资本非常青睐的场所,我把它叫做投资的磁石或者投资的热土;第七种是体验性的城市,有很多娱乐体验和大型活动,进入这类城市要全方位地体验和享受生活。最后一种叫做魅力城市,也可称为创意产业城市。这里面有一些创意人才、创新人才,他们使这个城市更为多样。在这样的城市就是要谈文化,谈它的创意，它的文化产业和文化创意极其发达。所以一共有八种城市的类型。围绕这八种城市类型，政策的制定者会采取不同的城市政策使城市的不同文化融合，所以城市文化一方面是多样性，另一方面是历史的传承性，两者要有机结合。

我们知道，城市始终处于变化之中，没有一座城市是静止不动的，城市具有活力、生机，它们不停地改革，不停地变革。所以，谈到城市、谈到文化，我们会考虑到改变的流程或者说进化的流程是什么，它决不是简简单单一夜之间就变化了，而是假以时日的过程。在这个过程中包括流程，流程怎么样能够顺畅，怎样能够使城市的文化可持续，怎样衡量城市与世界文化之间的关系。我们谈到这种比较的时候，会在不同的城市之间进行比较。为什么有人称这座城市是最好的、最佳的？怎样进行衡量？首先有标准，当然会有不同的指标，比如说对比和比对。我觉得简单的排名没有任何意义。因为有些地方你把它排到第一位，明天它又落下去了。所以我们没有方法用一个标准来衡量城市文化的标准性，不可能有一刀切的方法。

所以，我们不能够用那种传统的，比如说地方政府的一些经济发展指标为标准，不能用传统的方法来衡量城市。文化是一个流程，是一个过程，城市在不停变化，文化是在不断地变化着的。城市会日新月异，每年都会有新东西或新因素加进去，如果城市能够主动地融入这个变革当中，就会使这座城市文化能够更好地发展。另外谈到一个词叫做变量，大家会谈到有一个变量，通过这个变量来衡量。所以谈到各种各样的咨询机构和公司有不同的排名方式，其实，它们都有不可告人的目的在里边。所以，怎么样能够使城市排在前面，就必须和一些评级机构尽心合作，这其中就会有人为的因素。

我刚才已经谈到了各座城市之间有竞争，但我觉得合作和竞争都是多维度的，尤其是如何用文化提升城市的定位是城市合作与竞争的重要方面。另外谈到了一个这种不同变量之间的相关性以及各种变量的比重，随着时间的推移，不同的地点、不同的时间、不同的技术肯定都会给城市的文化带来新的气息。随着时间的推移，大家会谈到全球城市，其实还要谈到文化，请大家注意一下，一定要考虑到这座城市作为一个网络，作为一个生机勃勃的载体怎么样去做的，这是一个关键点。

除此之外，人员流动也有一个网络，这个网络怎么能够使不同城市之间的关系更好地平衡。在不同城市的文化交流中，应注意语言之间的差异，注意翻译包括计算机自动翻译等。计算机翻译有的时候很傻，翻出来的话根本就不像话，所以我们要考虑到创新和创意。大家会问什么样的东西不能随便拿过来用，我说文化的东西就是。我希望翻译过程要增加一些新的文化韵味。在城市的合作中、城市群落中必须有充分的交流和沟通，人们创造了新的经济、形成了新的知识，这会遇到一些问题，可以采取一些很创意的解决方式，来解决问题。所以，城市的网络涉及方方面面，包括翻译、媒体、互相沟通协调等，这都是城市的纽带，也是必须拥有的要素。

我想同大家讨论流程的问题。因为很多同仁谈到了文化经济或者文化产业，我们可以把它叫做城市文化的产品。也就是我们不仅仅是谈生产，而且也谈消费，其实是实际产品的流程，这其中既有创意也包括制造，还包括交流、物流以及最后的消费等。整个产业链的完整链条，是创意、制造、生产、交换、教育等。所以，文化的城市可以在文化产业这方面起一个很好的作用，目前许多城市都用各自不同的做法来推动文化产业的发展。其中的关键词就是创意，创意中的关键词就是创新，这些关键词就是通过不同技巧和专业知识来推动文化发展，技巧包括单位的技巧、国家的技巧、国际层面的技巧。另外，这种流程可以使我们的城市能够打造一些有形和无形的基础设施，进一步推动文化产业的发展。要关注这些基础设施的建设，包括设备的基础设施、经济的设施、实体的设施。

这样的环境有时会促生新的"典则",有时则会损害"典则"。所有这些流程与活动不仅仅出现在正规的组织、正规的经济活动中,通常情况下也处在正式和非正式的中间地带。对文化来说,关键就是观点的流动和解决方案。

在我的分析报告中,其中有一点就是指出信息的交流非常重要,它强调了城市和文化的互相交织,强调应当关注这种动态的流程变化。其实所有的城市都非常关注这种过程的变化,它要求有一种创造的思想。我们不能够停留在旧的解决方案上,而应该有一种开放性的思维,以寻求新的解决方案。我想这些挑战各个城市都遇到了。我们也看到了大量新"典则"在这个活动当中展现出来。其实在城市创新发展中有很多资源可利用,这些资源会催生新的解决方案。我们并不知道这个新的解决方案在什么地方,但至少可以看到这种想法的流动,在这个流动过程当中蕴含着答案。

但是,有时候我们的努力也会失败,但失败其实也非常重要。很多人愿意报喜不报忧,他们不希望政治家了解这种失败。其实失败和成功是相关联的,只有经历了失败才能有成功。在城市文化发展中还有其他的活动也是非常重要的,简单地选优并不就是很好的解决方案。另外我们也知道,改变了建设性也会改变全局,长远来看我们需要稳定性。此外我们也要在多元化上进行投资,这才是我们前进的方向。只有这样,我们才可能在即便有风险的情况下也能进行投入。否则的话,我们会在非常狭隘、保守的框架中极为费力地寻找解决方案。

文化生态环境是关系到人类自身能否延续的系统。在这样环境中,人们愿意置身其中并能够寻找解决方案。同时,我们也应构造文化的制造和消费、消化系统,城市文化的发展必须有这样的文化生态环境,包括基础构架、基础设施等。因为只有拥有这样的基础设施,才能有各种各样的活动,才能够催生新想法,并且能够带来更多的受众。我想,这就是通常所说的要创造支持的平台，这种支持平台能够鼓励文化活动，只有这样，基础设施和环境才能发生变化，才能促进城市文化的良性发展。

  关于文化的审计，我也是第一次参与，我认为这样的审计并不仅仅看结果，同时要看方法，亦即是我们参与的方法、我们开始对话的方法。有一点非常重要，我们要基于事实、基于数据，只有基于这样的元素，人们才能够识别，才能够接受。另外，从政策的角度来说，我们必须要有一个评估的方法，只有进行了这样的评估才能够检验你到底是失败还是成功，才能够做出最终的抉择。我们的目标也就是要发展这样的讨论以及交叉的检验，看看哪些地方做得好，哪些奏效，哪些不奏效，也许各种情况不一样，但是我们必须有这样的过程。有时候仅有一个例子是不够的，还要我们来分享经验，分享我们的优点和弱点，希望我们能够加强这样的意识。另外也重视我们这个流程、过程，只有这样，才能使我们在以后的日子里把我们的活动开展下去，因此，我建议大家采取这样的方法。

纽约：城市文化建设及其面临的挑战

The Challenges Facing New York's City Culture

◎ 凯特·D·莱文
Kate D. Levin

演讲人简介

凯特·莱文自 2002 年以来一直担任纽约市文化事务部的专员。在此职位上,她负责主导纽约市的文化政策,通过公共资金、技术援助和宣传支持加强五个行政区的非营利性文化组织建设。在加入布隆伯格政府之前,她曾在纽约市立大学的城市学院任教,曾在多个纽约市文化组织工作,并曾在科赫政府任职。

Kate D. Levin has served as the commissioner of the New York City Department of Cultural Affairs since 2002. In this role, she directs cultural policy for New York City, supporting and strengthening nonprofit cultural organizations throughout the five boroughs through public funding, technical assistance and advocacy. Before joining the Bloomberg administration, she taught at the City College of New York/CUNY, worked for several New York City cultural organizations, and served in the Koch administration.

我想就纽约文化以及纽约城市文化建设面临的挑战作一介绍，以使大家更好地了解纽约在城市文化建设方面的做法。这些挑战不仅公共部门遇到的，也有私营部门遇到的。

一

相对而言，纽约作为一座世界城市还很年轻，其整个的历史也只有400余年，相应的，她的城市建设的历史也只有400年左右。而现当代的纽约只有100余年的历史。从形成历史考察，纽约是一座多元化的城市，她没有本土文化，是来自世界各地的人们会聚到了这里，形成了这座城市。不久前，纽约城市也制定了建设目标——打造世界文化城市。文化越来越成为纽约城市发展重要的一部分，这其中也包括政治、经济等方面。

文化的作用领域扩大与增强不仅包括文化本身，还包括建筑业，因为一些建筑物也是文化的载体。

首先是纽约的历史协会和美国国家历史博物馆。纽约的历史协会建立于1804年，它是在波士顿建立的。当年，波士顿准备加强在美国革命中的角色，与此同时，那里有很多相应的文件记录当时的很多情况，例如1777年前后的历史状况。另外，美国国家历史博物馆也是纽约文化的一部分。美国国家历史博物馆也是全球的重要机构，于1870年建立的，其主要是利用相应的科学知识让公众了解文化历史等方面的知识，同时也传递达尔文所创立的科学观点。

其次是纽约大都会艺术博物馆和林肯表演艺术中心。那个时期，纽约有一些艺术家聚在一起，建立了这样一家大都市的博物馆。当时仅仅是从纽约的西部收集一些艺术品，向全世界展示纽约的艺术珍藏。1956年，建立了林肯表演艺术中心，这是全球的表演艺术中心，有很多艺术作品是与城市相关的项目。在这里可以听到、看到各种各样的音乐和舞蹈，曾有一部影片对此番景象进行过生动的描述。建立这样的表演艺术中心，关键是要展示它的基础设施如何对整个表演艺术发挥作用的，这也是纽约城市当中非常大、非常重要的艺术机构。"二战"之后，美国建立了很多类似的机构。但是，大都会艺术博物馆和林肯表演艺术中心这样的机构具有很高的文化价值和经济价值，可以使人们意识到在文化上进行投入是值得的。作为一个文化部门，我们对文化在经济上扮演的角色有很大的兴趣，而且也做过这一方面的研究。研究是在1976年开始的，主要以文化对纽约经济的影响为视角，研究发现这种影响相当于41亿美元的影响力。这是我们首次发现的文化对经济的影响力。以后两年，也有两个独立的机构进行了这方面的研究，这两个机构的研究同样得到了相应的评估结果。

再次是自然博物馆以及艺术馆。这样的机构其实是公私合作的典范，一方提供藏品，另一方则兴建场馆，这是一个非常好的合作形式。自然博物馆以及艺术馆大部分是私人拥有，但是也有政府部门参与其中，纽约市政府文化部对其做出了很大的贡献。我们的文化部曾从100个机构中得到相应的资助，这些机构的资助对我们开展文化活动非常重要。通过这些资助可以使文化事业有一些新气象，同时对一些旧的场馆和机构进行翻新。另外有些资助还专门针对艺术类的项目，以此帮助收入较低的艺术家。

最后是城市最大的项目：循环项目。比如说，通过一些文化艺术资料的收集帮助各相关机构开展各种各样的文化项目,而艺术的材料等也是通过资助获得的。

二

关于政府对文化事业的认知与管理,特别是在艺术的管理与发展方面。目前,我们遇到了两大挑战:第一个挑战是怎样支持相关的文化机构,特别是在这些机构或部门相关的价值无法量化的情况下,怎么进行支持?资助的金额是多少?第二个挑战是经济方面影响力的衡量。所有这些方面的量化工作都必须有专业人员进行精确的评估。政府应当在文化机构的价值等方面做一些标准化的工作,比如说,这些指标应当像一些经济数据那样,经常在相应的时间里做出相应的反应和通报。所以,我们需要有专业的人员和机构进行量化评估工作,只有进行这样的量化评估才能激励文化机构开展工作。另外,我们知道,在文化的量化评估上,特别是其对经济影响的量化数据是很难获得的。关于经济指标的评估工作,政府往往只关注少数的机构,甚至有时候仅仅关注很小一部分机构,这样做往往会忽视了大局。这两个方面的问题既是我们工作中面临的挑战,又是我们必须克服的。

接下来,我想简单地阐述我们的这个管理机构,特别是我们采取了什么方法来支持纽约的文化事业。第一点是关注于所有的领域,比如说政府文化部相关的资金,所有的机构都可以获得并都可以使用。另外文化部获得资金的量也增加了 20%。从这一个侧面可以看出纽约的文化确实是一个非常多元化、非常充满活力的,并且文化事业和产业得到当地政府的强大支持,许多国际著名的机构也给予了我们很多的资助。第二点是关于营利和非营利文化问题。美国政府、纽约市政府文化部往往仅仅支持那种非营利的组织,但必须尊重相应的税法规定,当然另外还有一个商务文化领域。在现实操作中，应该处理好这两个不同部门的关系。在现实中，文化消费者在消费文化产品时并不关心它们到底是营利还是非营利部门供给的，他们只是寻找这种体验，以及他们是否能够支付这种体验并且进行消费。但作为管理者，我们认为这个差异是非常重要的，也希望有这样的体系来意识到这个营利和非营利的重要性。

关于非营利的影响，纽约的文化机构将用60亿美元来创造4万个工作岗位，整个创意产业影响力将有210亿美元，每年创造22万个就业机会。我想，这个数量比纽约律师行业要高出5倍。文化领域也吸引了5 000万的来访者，这还是2001年的数据，这是非常重要的记录。我想，很多人都是被这种文化吸引来访问纽约。纽约的旅游业也对文化带来很大的支持，带来很大的就业机会，要知道，这些就业非常具有价值。过去很多人都在制造业寻找就业机会，现在旅游业因为文化的原因也创造很多就业机会。

纽约市政府文化部另外一个目标，就是要在营利与非营利之间建立一座桥梁，可以通过电视和营业创造这座桥梁，特别是影视行业。在纽约，影视业包括电视行业非常密集，这可以从密集的电影海报上以及五花八门的电视广告窥见一斑。我们在营利与非营利之间建立桥梁的做法是非常成功的。除此之外，还有相应的税收激励机制，其中有一部分给制片人，鼓励这种文化非营利机构努力工作。之所以很多的人都被吸引到了纽约，就是因为有这样很好的激励机制。由此，文化人才更加乐意地把他们的才能贡献给纽约市。另外我们整个的活动也非常充满活力，并日益地扩大，在整座城市当中我们的力量继续增强。所以，现在很多文化非营利机构的人才有更多的机会在纽约商务的机构工作，从事文化事业或产业。

另一个管理的角度是关注社区的发展，这其中的公共艺术是非常重要的。例如我们曾搞过一个公共艺术活动，是在纽约的中央公园里开展的。这个展览计划历时60天，只是用了一些彩色的旗帜做了活动区域的大门，尽管如此，却成功地吸引了 400 万的参观者。其总的经济影响是 2.54 亿美元，最终整个展期达 76 天。这是 2011 年"9•11"事件之后纽约举办的最大型的活动，这个活动主要显示纽约对新的观点以及对新艺术家、新艺术作品都是敞开大门的。这样的一个公共活动是为了吸引人们来到纽约从事艺术活动，也就是说各种不同的人尽管背景不同，只要进入纽约就能进行很好的交流和沟通，与同行讨论文化和艺术。

文化基础设施也是我们工作的重点。除了原有的文化基础设施外，我们又建立了另外一处纽约时代广场这样的建筑物，当时我们叫它 TKTS。在时代广场有一个玻璃的阶梯，上面是一个娱乐的场所，包括饮食、观赏等。这个玻璃的阶梯在整个时代广场引起了轰动，玻璃的阶梯上面有很多世界标志性的艺术场所融汇其中。这是纽约市中心很棒的新场所，凭空出现了一个玻璃建筑物本身就是一个很好的创意。这个项目整个的花费是 1 900 万美金，其中 1 100 万是来自纽约市政府。值得一提的还有另外一个项目，即儿童博物馆，这个项目整个费用是 5 100 万美元，纽约市政府出资 5 000 万美元。这里面是有很多先进技术融入其中的，这既是一个很好的儿童娱乐场所，也是纽约的一个标志性建筑物。为什么让大家知道这些预算和政府在其中承担的费用呢？因为通过这些数据可以看出，是纽约的公共部门和私人部门合作打造了这个文化场所。

值得称道的还有纽约的植物园，这是美国最大的植物园之一，也是纽约城市很棒的一个景点。它位于地铁站附近，交通便利。在这个项目的建造中整个的花费大约是 5 000 万美元，市政府承担了 3 000 万美元。有品质的生活或者是有质量的生活可以在这样的气氛得以体现，这样的氛围使世界各地具有创意头脑的人员或从业者都乐意并能够进入纽约从事文化事业。

布鲁克林有一个 BIM 的建设，位于布鲁克林中心的文化场所，这个场所从某种程度上是布鲁克林区的一个剪影。布鲁克林的管理者确实不仅很有远见，而且还有魄力，因为许多地方的管理者可能限于任期，比如说两年一届的任期或者四年的任期，只按照其政治任期来进行规划，而布鲁克林的管理者给我们提出了很多具有想象力的而且具有前瞻性的规划，BIM的建设就是其中典型的代表。布鲁克林的管理者并不追求短期的利益或者短期见效的工程，他们希望有长期的回报，这对于文化事业的发展而言就是福音。在这个时期，文化产业区已经成为布鲁克林区人们更愿意工作的地方。曼哈顿区有了这些项目后，很多当地的毕业生就不想离开了，他们就想在类似这样的场所工作。所以毕业生中尤其是布鲁克林区的毕业生，BIM等地区是他们首选的工作场地。另外，纽约布鲁克林的音乐学院，还有其他一些非营利的机构目前也给这些毕业生提供了很多工作的岗位。

前面谈到了纽约的大都会博物馆，还有自然历史博物馆，除此之外，那些新博物馆也是年轻人向往的工作场所。毫无疑问，如果谈到文化对于艺术家的价值，我们非常重视也希望这些艺术家对整个文化建设贡献力量，贡献他们的灵感和才智，这样我们的文化事业才会有持续性。四年前我们又推动了另外一个项目，如果我们的项目是基于对于全美的人口进行评估的话，我们认为94%的美国人认为他们都欣赏艺术，但是，仅有28%的人知道有些东西是来自艺术家的。我们希望在今后的发展过程中，艺术家的成就能够被更多的人所熟知，这样的话才能更好地保护我们的艺术家，使他们的艺术思想能够迸发。换句话说，使他们的艺术作品能够被消费，人们也能够认知这些艺术作品的价值。我们期待着从我们自己的这些资产，包括布鲁克林艺术馆等，通过我们一些项目，可以使这些项目把历史的厚重感和现实扩展结合在一块，使艺术家能够有更好的驰骋空间。

巴黎独特的文化韵味及其文化产业布局

The Unique Cultural Charm of Paris and Its Cultural Industries Layout

◎ 奥迪勒·苏拉尔　卡里纳·卡莫尔
　Odile Soulard　Carine Camors

演讲人简介

奥迪勒·苏拉尔是法国巴黎地区城市规划与发展局（IAU）的经济学家。在2000年从法国ESSEC高等商学院MBA毕业后，她一直是西维管理咨询（CVA）的战略管理顾问，专注于（研究）客户的关键问题：企业战略和营销、收购战略、尽职调查和并购策略。她对生产系统转型，经济活动的地域动态以及全球化与大都市化之间关联的兴趣促使她于2003年进入IAU。她的专业领域主要涉及知识经济，包括在当地和国际城市语境中的研发、创新、创意经济（文化和创意产业）和网络的动态。在过去的几年里，她参与了巴黎大都市发展战略修订的总体规划过程，负责关于巴黎地区集群长期发展的多学科愿景展望（巴黎—萨克莱地区，大巴黎创意标杆场所）。她正在开展大都市发展校园和高科技集群（赫尔辛基、苏黎世、首尔、新加坡等）的基准研究，以更好地了解这些创新发展如何与现有或成熟的城市经济生态系统相结合，使其更具竞争力。她在与地方政府和规划机构的交往过程中获得了丰富的项目管理、城市规划咨询、文化和区域发展经验（衡量文化活动对地区的影响，反思发展指标）。

Odile Soulard is an economist at the Paris Region Urban Planning & Development Agency (IAU), Paris, France. After graduating from ESSEC MBA (*Grande Ecole*) in 2000, she's been a strategic management consultant within Corporate Value Associates (CVA) focusing on clients' critical issues: corporate strategy and marketing, acquisition strategy, diligence and merger integration. Her interest in the transformation of production systems, territorial dynamics of economic activities and the links between globalization and metropolization led her to the IAU in 2003. Her areas of expertise are mainly related to the knowledge economy: R&D, innovation, creative economy (cultural and creative industries) and dynamics of networks, in local and international urban contexts. In the last few years, she took part in the master planning process leading to the revision of the Paris metropolitan development strategy, handling a multidisciplinary visioning exercise regarding the long-term development of clusters in Paris region (Plateau de Saclay, Greater Paris creative places). She is conducting a benchmark study of metropolises developing campuses and high technology clusters (Helsinki, Zurich, Seoul, Singapore, etc.) to better understand how these innovative developments hook on existing or maturing economic ecosystems of cities and make them more competitive for the future. She has acquired during her experiences with local governments and planning agencies an extensive experience in project management, urban planning consulting, culture and regional development (measurement of cultural activity's impact on a territory, reflection on development indicators).

演讲人简介

卡里纳·卡莫尔是法国巴黎地区城市规划与发展局（IAU）的经济学家。她拥有巴黎南泰尔大学（又称巴黎第十大学）经济学分析与发展战略硕士学位。1998年，她开始在法国建筑与土木工程（巴黎）机构担任经济学家，并负责欧洲和国际研究。

她于2002年加入IAU。她专注于三个主题：就业、社会经济和创意经济。她的活动还包括对影响员工出勤率、当地就业和企业所在地变化的趋势的预测研究。她也为巴黎大都市发展战略的总体规划过程做出了贡献。

关于创意经济主题，她专注于作为战略性领域的创意和文化产业（CCI），对巴黎地区发展的影响：创造性劳动力和技能分析的概况、创意和文化产业在都市内部和区域规模的动态、新的创意企业定位、以城市为核心的区域文化集群、数字时代的挑战。

她发表了大量关于文化活动对当地发展的影响和城市网络动态的研究和科学论文。她于2010年与奥迪勒·苏拉尔一起撰写了一份题为《法兰西岛（Ile-de-France）的创意产业：大都市的全新面貌》的报告。

Carine Camors is an economist at the Paris Region Urban Planning & Development Agency (IAU), Paris, France. She holds a master's degree in Economics "Analysis and Development Strategies" in Nanterre (Paris X, France). In 1998, she began her career as an economist at the French Construction and Civil Engineering (Paris) where she was responsible for the European and International studies.

She joined the IAU in 2002. She specialises on three main topics: Employment, Social Economy and Creative Economy. Her activity also includes forecast research in trends affecting attendance or changes in local employment and firm location. She contributed to the master planning process of the Paris metropolitan development strategy.

In regards to the Creative Economy topic, she focuses on Creative and Cultural Industries (CCI), as a strategic regional sector, and their impact on the territorial development in the Paris Region: profile of the creative workforce and skills analysis, CCI organization within the metropolis and the dynamics at the regional scale, new creative businesses location, geographical cultural clustering in the core of the City, the challenges of the digital era.

She has published a large number of studies and scientific papers on the cultural activity's impact on local development and the dynamics of networks in urban context. She wrote a report with Odile Soulard entitled "*Les industries créatives en Ile-de-France, un nouveau regard sur la métropole*", IAU idF, in 2010.

从巴黎的地理区域开始看起,从巴黎在整个世界版图上的位置和世界主要的航空线来观察,大家可以看到,巴黎整个大区和世界各地的联系都很紧密。巴黎市中心区域大约有 200 万人口,面积是为 105 平方公里。巴黎大区(包括巴黎)是整个欧盟人口密度最大的地区,有 1 100 万人口,面积达 1.4 万多平方公里。

巴黎原有几个大区,其中一个是巴黎区,这是 1756 年整个巴黎规划的情况,这个规划有很多文化韵味在里面,这是巴黎城市建设的第一阶段。第二阶段进行了开发,现在巴黎有 20 多个区域,巴黎是通过不断地扩展才形成今天的巴黎。从巴黎文化遗址的分布看,首先是巴黎中心,其文化遗产也得益于法国丰厚的历史文化和传统;在巴黎东北部地区,在文化区域中有一些交响乐队,有一个新文化产业集聚区;在巴黎北部的地区还有一个电影城。

谈到文化设施,巴黎在这方面享誉世界。巴黎区域有几个主要的部门来负责这方面的工作,首先是法国的文化部与地区文化事务局(Regional Cultural Affairs Directorates,简称 DRAC)、巴黎市政府、地区委员会。这里面融汇了各地的艺术家、设计师以及其他人员,他们来到这里从事文化产业的发展工作。文化布局其实是巴黎大区的整个经济和其他社会发展相辅相成、相互补充的一种表现,包括刚才谈到的一些影剧院、设计师事务所等一些其他的机构,最后一个法国巴黎地区城市规划与发展局(Paris Region Urban Planning & Development Agency,简称 IAU),还有我们的部门。我们的工作是规划和设计整个的设施,负责整个大区的规划和开发;另外,我们还要辅助决策者进行更好的规划以及后期的实施。

我们也同位于巴黎的法国文化部进行合作,启动一些项目。另外还有一些类似的活动,这些都是我们巴黎的文化资产。当然和世界许多国际城市一样,我们都不乏影剧院和一些其他的文化设施,包括会展设施等。除此之外,巴黎还有一些行为艺术,有一些塑像艺术。

谈到法国文化的与众不同之处,法国在历史上从其他国家吸取了很多营养,形成了巴黎和法国独特的文化韵味。其中有些项目,推动了各种文化特色产业的发展。比如说法国有许多国际性的节庆,因为法国的历史使我们有很强的文化和民族的包容性。另外,我们还有很多预算用于少数民族区域文化和产业的发展,比如说耗资 2 000 多万欧元用于少数民族区域社区的建设。

巴黎文化资产特性是很重要的,那就是文化的多样性,而且巴黎文化的独立性也与这种文化多样性的追求一致。比如说,巴黎整个大区中有 1 000 多家书店,300 多家影剧院,每年有 190 多个电影节日,还有 800 多家公共图书馆,以及 350 多家剧场和剧院。其实许多艺术节是专题艺术节,专门针对中小市场。另外,还有一些游客们所喜欢的场所,比如法国街边的咖啡厅,还有其他有巴黎特色的景观。

除此之外,还有文化的重塑和文化的再开发,尤其是在创意这方面,我们有更多创意的作品生产出来,我们这个活动叫做启动巴黎艺术的活力,这样就极大地增加了巴黎市民的认同感。这是巴黎整个区域创意产业的总体情况。

整个巴黎全部就业人口中有 9% 的就业人口从事创意和与创意有关的行业和产业。在此方面,巴黎区域占据了全法国创意领域的很大比重。可以毫不夸张地说,巴黎现在已经成了整个创意产业的集聚区,包括文化、教育、娱乐、休闲等,其从业人员成了创意产业强大的生力军。

从整个巴黎区域周边文化产业的布局看，另外还有两个主要的项目配套有文化谷，还有巴黎的电影城项目，这两个项目都是整个文化建设重要的组成部分。电影城项目是一个包括新影片制作在内的项目，这个项目是洛克柏什基金会所创导的，在整个电影城里有9家电影院，其中有一些传统的电影院，也有一些3D新电影院。另外还有一些学校和培训机构，这个区域有更多设施建设正在建设，可以使整个电影城有更多的活动，从而吸引一些大项目落户于此。包括怎样更好地吸引巴黎区域电影业方面的创意人才，使他们能够在里面施展拳脚。这也使一些当地人解决了就业问题，也是公私合营很好的案例。当然，在电影城里还有很多其他娱乐设施，这里就不一一介绍了。

文化谷建设，是巴黎的西南部的重头戏。这里原来是法国汽车城的旧址，我们对这个区域进行了新的规划和设置，当然这个项目还在进行之中，等到项目完成之后那里就会是一个新文化产业基地。另外的一个项目，坐落在巴黎东北部，是一个郊区，地理条件不太好，但是现在我们通过努力已让那个地方重新苏醒。那个地方原先是19世纪的广场，2008年建成艺术中心重新开放，可以进行各种展览，进行各种艺术活动、音乐活动，那里还有图书馆、仓储等。当地社区的各种艺术机构也参与进来，这样的翻新非常成功。还有另外一个项目 La Philarmonie，即将于2014年完工，项目完成后，这里将有一个非常大的博物馆，还有一个大的公园，可以为各种活动提供更好的场所。

巴黎面临着很多文化挑战，我们希望这种文化挑战的解决方案能够和城市规划方案很好地结合在一起。我们要保存文化的多元性和活力，我们也希望与政府部门、其他企业和经济机构等有很好的合作。我们需要鼓励企业家精神，政府机构和商业方面的活动也非常重要，这样我们就能够把文化、技术和资金很好地整合在一起。另外，我们也要利用巴黎的国际品牌价值，当然我们不能停留在巴黎标志性设施上，应该更多地扩展。

东京：城市文化的平民化结构与力量

Structural Features and Development of Tokyo City Culture

◎ 今村有策
Imamura

演讲人简介

今村有策是东京都政府的特别顾问,负责监督文化事务。自任命以来,今村一直致力于制定东京作为日本世界创意之都的新文化政策,重点关注大都市文化政策的新范式。他的工作重点在于创意产业、社会设计和创意人才培养。在任命之前,今村有策曾担任多个国际博物馆、剧院和艺术项目的建筑师。

今村有策也是 Tokyo Wonder Site(TWS)的创始董事,该网站由东京都知事石原慎太郎倡导。TWS 是东京的一个新的创意平台,专注于支持新兴创作者,从事国际文化交流和实验挑战,成为东京创造新艺术和革新文化系统和环境的发动机。TWS 通过国际网络合作成为一个活跃的实验室,其中包括居住创作、艺术品制作、展览、研讨会和教育。TWS 还参与社会议题,如气候变化、文化多样性和全球价值体系的变化。

今村有策还担任东京国连大学的文化顾问、国际项目顾问,柏林世界文化之家的董事会成员,国际驻馆艺术家组织 Res Artis 的成员。

Imamura is counselor on special issue to the Governor, Tokyo Metropolitan Government, supervises cultural affairs. Since appointed, Imamura has been worked on creating a new cultural policy of Tokyo as a World Creative City, the capital of Japan, focusing on new paradigm of cultural policy of Metropolis. The focus of his work lies in areas of creative industries, society design and specially nurturing creative talents. Prior to the appointment, Imamura was practicing architect working on several international museums, theatres and art project.

Imamura is also founding director of Tokyo Wonder Site (TWS), with initiative by Governor of Tokyo Metropolitan Government, Shintaro Ishihara. TWS is a new creative platform of Tokyo, focus on supporting emerging creators, international cultural exchange, and challenge of experimentation, as a dynamo creating new system and environment for arts and culture in Tokyo. TWS works as an active laboratory through an international network, with creators-in-residence, production of artwork, exhibition, workshop and education. TWS also deals with agendas in society such as climate change, cultural diversity and the change in global value systems.

Imamura also serves as cultural advisor for United Nations University in Tokyo, international program advisor, Board of directors of Haus der Kulturen der Welt in Berlin, and member of Res Artis, Worldwide Network of Artist Residencies.

日本东京作为日本的都城已经有 400 多年的历史，人口较为密集，达到了 1 000 万人口的规模。作为一座世界创新城市，东京创意产业占据 GDP 的比重越来越多。现在东京有 72 万人从事创意活动，所生产的产品占整个产值的 44%，也占据了信息产业 63% 的销售额。东京每天报纸的销售量，保守估计也有 500 多万份。

东京文化产业的发展得益于它较高的教育程度，还有一些传统的礼仪文化等。比如说茶道、花道，在这些方面，有将近 46 万人从事茶道和花道的学习及其一般文化和培训项目。此外，东京市民拥有 83 余万架钢琴，而相当多的东京市民每天都在从事着钢琴生产方面的工作，包括传统的生产制作方法以及现代钢琴的制作等。

东京目前有 240 家米其林餐厅，而巴黎却只有 64 家，纽约有 57 家，上海目前也为数不多。米其林餐厅本身并不重要，但这从一个方面说明东京的空间布置、它的设计以及它的整个的餐饮业状况等。这 240 家米其林餐厅表明日本在餐饮方面的服务是世界顶级的。在餐饮业上，日本的特性与其文化的精致以及市民的较高文化素质结合在了一起。谈米其林餐厅，其实，这不仅仅是谈餐饮的问题，也是在说明整个文化的底蕴。

日本的文化与三个方面息息相关：第一是生活方式，第二是生活质量，第三是生活福祉。日本人在平时生活当中就引入了很复杂的、尖端的科学。有时饮食其实也是文化的一部分，文化的一些参与活动使许多市民能够参与到各种各样的活动当中，并且使他们的生活方式也与众不同。

东京文化的底蕴和东京文化的实力何在？我刚才谈到了东京作为日本的首都已经有 400 多年的历史。世界各地许多人都喜欢东京，但是在某种程度上东京也被人们所误解，包括东京的市民对东京也只是略知一二而已。东京面积很广阔，是世界大都市，不仅有城市区域，还有农村、山区、岛屿等，所有这些多样性的融合，表面上看起来比较混乱，但其实隐含着内在的秩序。谈到空间，东京有很多区，这些不同的区有不同的文化，比如大家熟悉的银座。

东京不同的区既有高层摩天大楼，也有传统的寺庙和神社，给人们一种别样的宁静、精致的感觉。大家可以看到这里面有很多世界级的艺术家和大师的作品，也有传统艺术。东京是多样性的城市，从空间和时间上看，也是呈现出相当多样性的城市面貌，这些都使得它具有独特的活力和动力。在东京，大家可以看到街道的多样性。实际上，东京已经集成了日本文化的精髓，这个文化源于其千年的历史，由民间文化发展而来，一直发展到现在。东京另一个特点是高度发达的文化，其中的亮点就是它的创意，这种创意不仅存在于精英分子中，同时也存在于普通民众中。

每个普通市民传承传统并进行创新，也能够享受高品质的生活，这种传统其实正是我们文化的基础。比如变形金刚并不是新的一种表现，而是在传统基础上发展而来的。这就是我们市民文化的力量。东京文化的一个重要方面就是很多市民参加这样的创意文化，由此可以认为每个人都是老板，每个人都是艺术家，也都是艺术的消费者。不管从什么角度，都可以看到这些创意是有文化根基的。进一步说就是，我们也看到文化的复杂性。这种文化的复杂性也使人充满活力，比如我们有一些专业组织，它们非常活跃。在东京，这种专业的文化活动也有一些普通市民的参与，有时很难在这种正规和非正规参与者中间画一道界线。

在这种文化环境中，我们也可以看到公共社会机构和私有部门，它们一起合作来促进文化发展，它们进行投资，保留了这种高品质的文化设施。东京也提供了一个非常理想的文化环境，让文化能够自由发展。我们并没有一个集中化的文化控制政策，这使城市各个角落人们的生活都充满活力，使城市充满能量。

在文化层面上，对于一个大都市来说什么是正确的政策？我想这样的政策必须使文化渗透到市民生活的方方面面。我想要激活这个点，把这个点连成线，把线再组成面，这样就能够引发一系列的反应。我想，这样的政策首先要关注人力资源的培养，只有拥有优秀而大量的人才，我们才有繁荣的文化。另外，我们还要关注其他的方面，我们必须要考虑到它的有效性，要有这样的网络才能使所有的过程变得更加高效。

再来看文化人力资源的网络，这个网络要能够加强新型人才的交流。只有拥有这样的多元化和扩大的人力资源的网络，才能够更好地激发我们创造方面的潜力。我们有各种各样的项目，通过这些项目培养人才；提供这样的平台使得国内外文化界人士能够相互交流；使大家能够活跃在国际舞台上，参加各个区域的文化活动。这就是我们的目标。我们要扩大这种创意的能力来加强文化的基石。东京市政府启动了这样一个大型的平台——一个文化节的平台，我们不仅有国内的活动，同时也鼓励合作网络活动，并在不同地方推进这样的网络活动，以加强当地社区的艺术活动。我们鼓励年轻专业人士参与创造，也鼓励下一代企业家加入这样的文化创意活动。东京的文化设施包括12处博物馆、剧院，聘请了专业的人士来主导所有这些活动，而他们也对市政府定时进行汇报。著名艺术家担任博物馆的馆长对发展博物馆业有很大的益处，同时政府也在参与管理这样的博物馆，并且让这些博物馆进行翻新。

最后，我们也不可避免地谈谈2011年发生的灾难。这场灾难对社会产生了很大的影响，使我们很悲痛，也影响了东京的愿景和未来发展的可能性。在灾后的重建过程中，我们必须面临这样的问题：我们生活当中哪个最为关键，我们要去何方？

我们再次发现了我们以文化为基础的人民的力量。人们主办了当地的文化节，然后互相照顾，各种各样的社区活动展示出文化因素在灾难面前力量的强大、文化团结力量的强大，这些支撑我们重新复兴传统的艺术和艺术节。这种传统确实给人们带来了勇气和信心，我想东京有这样的力量，促进这样的文化努力来发展各种各样的活动，以鼓励民众。

很多文化人也积极支持这样的活动。文化促进信心，信心促进决心，由此推进了重建热情——在灾后重建中发现了文化的力量。

东京文化有很多特征，这些在我们这个全球化的时代中越来越重要。因为这场灾难，我们再次发现我们文化的力量、多元化文化、人民的创造力；我们也发现了历史的力量，这种历史和现代结合在一起；我们也看到了特殊城市文化的结构，东京提供了它独特的活力。城市文化编织了这样的网络，把人们编织在里面。随着全球化进一步的发展，我坚信东京独特的文化能够为全球的城市文化做出贡献。

创意时代

The Age of Creativity

◎ 约翰·索雷尔
John Sorrell

演讲人简介

约翰·索雷尔爵士是伦敦设计节的发起人和主席,而伦敦设计节已经成为了全世界一百多个设计节的典范。他还是索雷尔基金会(Sorrell Foundation)的联合主席,该基金会与数以千计的年轻人合作,激发他们的创造力并为他们提供进入创业行业的职业通道。此外,约翰爵士还是全世界领先的创意大学之一——伦敦艺术大学的主席,该大学的专业领域包括艺术、设计、时尚与媒体。

此前,约翰爵士创办并经营了全欧洲最大规模也是最为成功的设计公司之一——纽厄尔-索雷尔设计公司(Newell and Sorrell),并担任过英国设计委员会以及建筑及建成环境委员会的主席。

因为约翰爵士在创业行业所做出的贡献,他在 2008 年的新年荣誉名单中被授予爵士爵位。1996 年,他被授予了大英帝国二等勋位爵士;1998 年,他还荣获了皇家艺术协会的两百周年纪念勋章。他拥有四个设计学荣誉博士学位、一个设计学荣誉院士身份,同时是一位荣誉哲学博士,2002 年被选为英国皇家建筑师学会的名誉会员,2009 年被选为英国皇家工程学院的荣誉成员。

约翰爵士常年以来都是设计与创意领域的演讲者和传播者。他的著作《创意岛》(2002 年)和《创意岛二》(2009 年)描述了来自英国的创意灵感。他的兴趣包括艺术、创意和阿森纳足球俱乐部。

Sir John Sorrell originated and chairs the London Design Festival which has become the model for over a hundred design festivals around the world. He is co-chair of the Sorrell Foundation, which works with thousands of young people to inspire their creativity and give them pathways into careers in the creative industries. He is chairman of University of the Arts London, one of the world's leading creative universities, specialising in art, design, fashion and media.

Previously he founded and ran Newell and Sorrell, one of Europe's biggest and most successful design businesses and chaired the UK Design Council and the Commission for Architecture and the Built Environment.

Sir John was knighted in the 2008 New Year Honours List for services to the creative industries. He was appointed CBE in 1996 and was awarded the Royal Society of Arts Bicentenary Medal in 1998. He holds four Honorary Design Doctorates, an Honorary Design Fellowship, is an Honorary Doctor of Philosophy, was elected an Honorary Fellow of the Royal Institute of British Architects in 2002 and an Honorary Fellow of the Royal Academy of Engineering in 2009.

Sir John is a regular speaker and broadcaster on design and creativity. His books, *Creative Island* (2002) and *Creative Island II* (2009), feature inspired design from Great Britain. His interests include art, ideas and Arsenal Football Club.

我的演讲主题是创意以及创意对城市和国家所产生的社会和经济影响。我相信我们已经到了一个创意的新时代。首先，我要引用四段重要的讲话。

第一段来自奥巴马总统。他在第一次国情咨文演说中说："赢得未来的第一步是鼓励美国的创新。我们没有人能够准确地预测下一个重大行业将是什么，或新的就业机会将来自哪里。30年前，我们不知道一个叫做互联网的东西会带来一场经济革命。我们能做的，而且美国人能比其他任何人做得更好的，是激发我们人民的创造力和想象力。"

在伦敦威斯敏斯特向英国下议院发表的关于增长的预算演讲中，英国财政大臣乔治·奥斯本（George Osbourne）说："所以，这是我们的成长计划，我们想要如'英国制造''英国创造''英国设计''英国发明'来推动我们的国家前进。"

2010年2月上海进入联合国教科文组织创意城市网络，成为联合国教科文组织"设计之都"以后，时任上海市长的韩正说："上海将全力推动创意产业的发展，如设计和时尚，希望能成为亚太地区最具创造力的城市，将'上海制造'的标签改为'上海创造'。"

2013年在伦敦关于创意产业的演讲中，伦敦市长鲍里斯·约翰逊（Boris Johnson）说："伦敦的创意产业是非常重要的，支撑着我们的活力和创造力的声誉，并且产生了数十亿英镑的经济效益。"

这些领导人都在谈论创造力、设计、发明、想象力和创新，我相信他们的讲话只是一个新时代黎明的四个说明。随着城市和国家越来越多地转向创造力和设计以实现成长和成功，创意时代来临了。

在我看来，世界上每个国家都在努力寻找办法来驱动其人民的创造力。为什么？因为是创造力区别开人类与其他动物，使我们能够解决面临的问题，并为我们创造一个更宜居住的美好世界。

2012年9月，我们在伦敦庆祝了第十届伦敦设计节，在首都的各个场地，共有300个活动。当我构思这个节日时，我的愿景是将伦敦定位为世界设计之都，并作为通往英国世界级创意产业的门户。现在，我们的活动有超过40万人参加，其中6万人来自国外，有200多万人看到我们在特拉法加广场等地方的装置。

我们2012年的"开放声音门户"坐落在特拉法加广场，这是一个供人们摆脱忙碌城市的噪音和喧闹，在节日期间每天听创意音乐的地方。我们也听说在过去一年，设计椅子抓斗的著名设计师汤姆·迪克森（Tom Dickson）做了300把特别的椅子，在星期天，在节日期间，如果你来到特拉法加广场，你可以带一个回家。

我们还有一个由奥迪制作的机器人装置以及一个由杰米·黑翁（Jaime Hayon）制作的精彩的国际象棋游戏（图1）。这个国际象棋2米高的棋子如真人大小，棋子将围绕特拉法加广场根据大师所说的动作来移动。

在维多利亚和阿尔伯特博物馆，有阿曼达·莱维特（Amanda Levete）的木材波浪这个特别的装置（图2）。在拉斐尔房间里，有南多模拟椅子、布鲁勒克兄弟装置，花园里还有一个精彩的椅子拱门。我们还推出了一个产品，这就是在南岸推出的托马斯·海瑟威克（Thomas Heatherwick）的摇椅。我们有像特伦斯·康岚（Terence Conran）店面那样的零售活动，在类似南岸的地方有大卫·齐帕菲尔德（David Chipperfield）做的装置。甚至在关闭的教堂里，我们也有装置，而且2012年还有约翰·坡森（John Pawson）创造的一个光学镜头，它能够看到图书馆楼梯的独特景色。

图 1　杰米·黑翁制作的真人大小的国际象棋

图 2　阿曼达·莱维特的木材波浪装置

每年我们会在独家地点颁发伦敦设计奖章，如圣保罗大教堂的地下室或外交部洛加诺的房间，与保罗·史密斯（Paul Smith）共进晚餐。我们举办了一个全球设计论坛来讨论设计对我们所有人生活的影响，代表不仅来自伦敦，而且包含世界各地，今天我想告诉你们，我们希望2014年把全球设计论坛带到上海，作为世界领先创意城市之旅的一部分。

每年，设计节都聚焦于设计和创意，这是文化和经济的核心。自从10年前创立伦敦设计节以来，现在有大约100个城市已经开始了自己版本的设计节或设计周，在10年内100个城市，这是巧合吗？我想不是。每个国家都有自己的商业中心，这对它的成功是至关重要，例如制造业、信息通信技术、金融服务、生命科学、能源、先进工程等。可以看到的是，创意产业的发展将驱动许多国家和世界上许多城市的未来，因为在当今的全球经济中资本和劳动力流动性如此之强，其中货物生产和服务几乎可以在任何地方进行，它是思想和创新的力量，是创造性和设计的增值，将带来经济的成功和繁荣。

世界创意产业占全球GDP的7%左右，被公认为对经济成功以及社会活力至关重要。因此，它不仅关乎资本和就业，而且还可以打造一种对国家和城市的身份文化来说创新和智力的优势。

自从我十几岁就读艺术学校以来，我一直都在从事创意产业的工作。当然，它当时不被称为创意产业，创意产业这个术语是15年前在伦敦发明的，当时它成为英国经济中增长最快的部门，现在它仍然是整个欧盟中最大的创意产业部门。英国这方面的国际成功已经发展了很长一段时间，电话、青霉素和互联网等发明都来自英国。多年来，英国已经在伟大的当代音乐以及电影、电视、时尚、游戏创作、设计、广告和许多其他高度创造性的学科方面都具有了声誉，这些学科构成了创意产业的部门。英国是一个具有创造性的国家，创造力是英国文化的核心，它是我们国家身份的一个界定性特征。我们的创意教育系统可回溯到150多年前，世界一流的大学和学院遍及英国，培训和激励新一代的年轻人，包括许多来自其他国家的年轻人来到英国学习。我们伟大的教育机构每年都会将新毕业生带入创意产业，目前有近 250 万人直接和间接地在英国的创意部门工作。

当然，没有具有创造力的人们，就不会有创意。我喜欢英国的一点是，除了有伟大的人才，我们还有一个多国创意社区。我认为创意城市都是与在那里生活和工作的创意人相关。正如亚里士多德所说："人们来到城市是为了生活，人们居住在城市是为了生活得更好。"或换句话——汤姆·沃尔夫（Tom Wolfe）在《虚荣的篝火》里所说："首都是所有坚持者的不可抗拒的目的地"。

伦敦已经成为一块磁铁，吸引了大量的创意人加入这个创意社区。它就像一个温室，所以如果很有才华的人带来不同的文化和观点，他们的想法能够在一个独特的动态基础设施中交叉滋养。而且这个创意社区的技能和学科也极其多样化，例如设计中就有 30 多个不同的学科，包括建筑和工程、动画、电子动画学、汽车设计、图像处理、数字设计、布景设计、家具、零售、珠宝、陶瓷、时尚、鞋类、描线、产品设计、运输、火车、F1 赛车和许多其他方面。2012 年的奥运会是一个最好的展现创造力和设计的例子，例如奥林匹克火炬（图 3）和奖牌（图 4）的设计，水上中心（图 5）和体育场（图 6）等建筑物的建造，开幕式以及由托马斯·海瑟威克（Thomas Heatherwick）设计的激动人心的铜花瓣火炬塔（图 7）。

2012 年对于伦敦和英国而言是伟大的一年，它改变了全世界对伦敦和英国的感受。2012 年年底，《单片眼镜》杂志［Monocle（UK）］进行年度软实力调查，它根据国家的文化、政治、商业、外交及教育，而不是它们的财政或军事力量对国家进行排名。它运用了美国学者约瑟夫·奈（Joseph Meyer）关于通过说服和吸引力而不是强制或武力来运用权力的观点，在这项调查中，在英国电影制作人、音乐家、设计师和运动员取得了一年的

图 3　2012 年伦敦奥运会火炬

图 4　2012 年伦敦奥运会奖牌

图 5　2012 年伦敦奥运会水上中心

图 6　2012 年伦敦奥运会体育场

图 7　2012 年伦敦奥运会铜花瓣火炬塔

国际成功之后,世界各地数十亿人也在电视和新数字媒体上看到了壮观的奥运会,英国在世界人民心目中的地位上升了。因此,目前英国在文化影响力方面,或者说,在创造力方面,是世界上最强大的国家。

我知道现在这只是一个调查,但我认为这很有趣,重要的是它研究、测量和了解文化与创造力在世界各地的城市和国家的重要性。在伦敦甚至英国,我们用来解释我们的创意产业部门起关键作用的事实越多,政府和行业就越有可能去支持和投资。如果我们要利用新时代的创造力,这点是至关重要的。

但如果我们要抓住机会的话,有一些问题还需要我们回答。我的这些问题是给政府、创意产业和教育的:政府如何能支持他们的创意产业部门,为这些部门创造良好的经营环境?这只是关于投资吗?只是关于鼓励创意集群吗？你能在某些具体领域试图做一个如加利福尼亚州的硅谷吗？或者如同伦敦正在科技城尝试的那样？我们如何能鼓励创造知识产权，又使规则变严格以保护思想呢？

当我做上海世博会英国馆（图8）的顾问时，我与托马斯·海瑟威克合作，他设计了奥林匹克大锅，并在上海世博会设计了英国馆。这是一个非常创新和令人兴奋的项目，但对于英国官员来说却存在很大的风险，但最终这个极具想象力的创意赢得了博览会上的金牌。上次我在中国，一位记者告诉我，英国馆改变了他对从旧的和传统的到现代的和创造性的看法。这是一次冒险，但有一个英国的传统说法，"不入虎穴，焉得虎子"。我认为创意产业以及政府应该注意到这一点，特别是银行和风险投资家能通过提供更好的融资渠道帮助创意企业。但问题是，当他们把中

图8 2010年上海世博会英国馆

小型创意企业看作高风险的，可以做什么来说服他们贷款给这些企业？企业如何能吸引最具创意的新人，然后培养他们的创造力？如何能改变观念，使国家、城市和企业被视为具有创造性的？

最后是教育。我们如何能为所有儿童自小嵌入创造性的教育？我们如何能够制定通道，使年轻人自入学起就开始进步，并进一步鼓励创意产业的教育和事业？我们能否找到方法让专业从业人员进入教育体制，向青年人传授他们的技能和经验？我一直在考虑这些关于教育的问题，因为我的妻子弗朗西斯和我经营的一个小型教育慈善机构就是与年轻人合作的。我们相信每个人生来都具有创造性的本能，而表达创造力的机会应该是人最基本的权力。

最近在英国举行的一次剑桥大学会议打动了我们，这次会上发布的新研究结果表明，在13 000年前，在多尔多涅省的鲁菲尼亚克洞，生活在被称为100个猛犸象洞穴里的大人们积极帮助孩子们通过用手指在墙上划出痕迹来表达自己。他们的手指在软红黏土上划动，以产生装饰之字形和漩涡，他们的绘画是在长达5英里的洞穴系统内被发现的非凡绘画的一部分。一些孩子的手指画有墙壁或天花板那么高，所以他们一定是被举起来或坐在大人的肩膀上才能画那些画。想象一下，在13 000年前，在一个黑暗的洞穴里，一个小孩坐在一个大人的肩膀上，往高处伸手，以表达他或她的创造力。所以最后，让我给大家留下这样的思考，如果我们想通过这个新的创造力时代获得成长和经济上的成功，也许我们能做的最重要的事情是把我们的孩子举到我们的肩头，并帮助他们创造未来。

世界城市与中国城市发展的误区

World Cities and the Misunderstanding of Urbanization

◎ 吴建民

Wu Jianmin

演讲人简介

吴建民时任国家创新与发展战略研究会常务副会长、外交部外交政策咨询委员会委员、国务院参事室特约研究员、上海国际问题研究中心主席、欧洲科学院院士及副院长、国际展览局名誉主席等。

他出生于1939年，1959年毕业于北京外国语学院法语系。1965年到1971年曾为毛泽东、周恩来等老一辈国家领导人担任过法语翻译。1971年，他成为中国驻联合国第一批代表团工作人员。在40多年的外交生涯中，吴建民历任中国常驻联合国代表团参赞、中国驻比利时使馆和驻欧共体使团政务参赞二把手、外交部新闻司司长及发言人、中国驻荷兰大使、中国常驻联合国日内瓦办事处和瑞士其他国际组织常驻代表、大使。1998—2003年，他担任中国驻法国大使。2003—2008年，他担任中国外交学院院长、中国国际关系学会常务副会长、全国政协外委会副主任、全国政协副秘书长兼新闻发言人等职。他曾于2003—2007年连任国际展览局主席。2016年6月18日，不幸因车祸去世。

Wu Jianmin was executive vice chairman of China Institute for Innovation & Development Strategy, member of the Foreign Policy Advisory Committee, Foreign Ministry, Contract Research Fellow of the State Council Office of Advisers, chairman of Shanghai Center for International Studies, member and vice president of European Academy of Sciences, and honorary president of the International Exhibitions Bureau, etc.

Born in 1939, Wu Jianmin graduated from Beijing Foreign Studies University in French Language in 1959. From 1965 to 1971, he served as French translator for Mao Zedong, Zhou Enlai and other leaders of the older generation of the country. In 1971, he became one of the first mission staffs of China to the United Nations (UN). In forty years of diplomatic career, Wu Jianmin served as the Counsellor of China's Permanent Mission to the UN, the second Political Counselor at Chinese Embassy in Belgium and Chinese Mission in the European Community (EC), the Director and Spokesman of Information Department, Ministry of Foreign Affairs, the Chinese Ambassador to the Netherlands, the Permanent Representative and Ambassador of China to the United Nations Office at Geneva and other international organizations in Switzerland. Between 1998 and 2003, he served as China's ambassador to France. Between 2003 and 2008, he was appointed as president of China Foreign Affairs University, executive vice president of China Institute of International Relations, deputy director of National Chinese People's Political Consultative Conference (CPPCC) Foreign Affairs Committee, deputy general secretary and press spokesman of the CPPCC, etc. He was president of the International Exhibitions Bureaubetween 2003 and 2007. Unfortunately, he died in a car accident on June 18, 2016.

"世界城市"是地球村的村民喜欢去的地方

"世界城市"这个提法是比较新的,我想这是全球化深入发展,各国人民交往越来越多的产物。中国的一些城市,譬如北京,就提出了要建立"世界城市"的目标。北京市也举行过一些研讨会,讨论什么叫"世界城市"。我的看法是,世界城市是地球村的村民喜欢去的地方。

我之所以提出这样一个定义,是因为任何地方的发展,城市也好,地区也好,国家也好,都离不开三股流:人流、物流、财流。在这三股流当中,我认为人流是最重要的。人们喜欢你这个城市,他就来得多,人流必定会带动物流和财流。

地球村的村民为什么喜欢来你这个城市?我想,要回答这个问题首先需要弄明白人类社会最宝贵的财富是什么?在自然界,最宝贵的财富是生物的多样性。自然界之所以千姿百态、多姿多彩,是因为存在生物的多样性。科学家们估计,我们的地球上大约有3 000万至1亿个物种。由于工业化导致的环境污染以及人类活动范围不断扩张带来的恶果,每天就有75个物种灭绝,平均每小时就有3个物种灭绝。生物的多样性减少了,人类就会蒙受巨大的损失。越来越多的科学家认同这个观点。

那么,人类社会最宝贵的财富是什么?是文化的多样性。世界上有近200个国家,2 000多个民族,都有自己不同的文化,就是同一个国家、同一个民族的不同地区,文化还是有很大的差异。文化的多样性,是人类社会最宝贵的财富。你在全球旅行,不同的地方有不同的历史、文化传统,还有不同的饮食、建筑、音乐、文学、绘画等,你会深切地感到人类社会如此丰富多彩。这是多么美好啊!如果有一天文化多样性消失了,你到世界各地旅行,到处都一样,天天吃同样的饭,住的是同样的环境,听同样的音乐,那多乏味啊!

人们之所以喜欢巴黎,是因为巴黎是一个有文化的城市,其文化上的特点与其他城市不一样。你去巴黎参观博物馆,登上埃菲尔铁塔观光,在大街小巷漫步,你会感觉到这个城市的文化氛围是如此之浓。每个地方都有自己的历史,都有自己的故事。如果巴黎和纽约一模一样,没有任何特点,人们还愿意去吗?所以,要成为一个世界城市,很重要的标准就是要保持自己城市的特色。而城市的特色,又是由其文化决定的。

全球城市化进入了一个快速发展的时期

城市的出现是人类文明的一大进步,此后,推动人类文明进步的各种动力都源于城市。

过去 200 多年是全球城市化加速发展的时期,1750 年,全球城市化率仅为 3%;200 年之后,到 1950 年这个数值达到了 29.2%;而 2007 年,全球城市化率已超过了 50%;预计到 2050 年,全球城市化率将达到 70%。

过去 30 多年,全球城市化之所以发展如此之快,是因为有一批新兴大国在崛起。全世界都在谈论中国的崛起,其实,正在崛起的国家不仅有中国,还有印度、巴西、南非、俄罗斯、土耳其等国。把这些国家的人口加在一起,突破了世界人口的一半。在人类历史上,还从来没有这样的先例。

世界各国崛起的路径大体相似,都需要经历工业化和城市化,新兴大国也不例外。随着工业化的推进,城市化也在加速。在人类的历史上,从来没有像现在这样,如此众多的人口,在如此短的时间内,生活条件改善地如此迅速。新兴大国在崛起的过程中,尽管会遇到这样那样的困难,但是他们的崛起是一股不可阻挡的潮流。其城市化的推进,也是国家崛起所带来的必然结果。

警惕中国城市发展之误区

社会发展史告诉我们,人类前进的道路从来都不是平坦的、笔直的,而是曲折的、坎坷的,城市化也不例外。一些新兴大国在工业化和城市化的过程中,在大城市的周围形成了庞大的贫民窟。凡是去看过这些贫民窟的人,都受到很大的震撼,那里的情形让你惨不忍睹,很难想象人能够在那样的条件下生活。

中国过去的 30 多年,在工业化和城市化的过程中,在大城市的周围没有出现贫民窟,这是值得肯定的。但是,中国的城市化也有不少误区,认识这些误区,研究其出现的原因,采取有效的措施,不再重犯这些错误,这不仅对中国,而且对世界都有重要意义。

中国的城市化有哪些误区呢?最明显的有三个方面:

第一,城市越来越大。城市越来越大,是我国城市化过程中的第一大误区。中国今天人口突破 100 万的城市 125 个,突破 1 000 万的有 14 个,突破 2 000 万的有 3 个,即北京、上海、重庆。随着城市的扩大和人口的积极增长,污染变得越来越严重,交通越来越拥堵,生活越来越不方便。我们这些居住在北京的人,天天就生活在这样的环境里,对此是深有感触的。2013 年年初,在中国东部大约 130 万平方公里的土地上,出现了持续的、大范围的雾霾。这 130 万平方公里是中国最发达的地区,大雾霾带来了中国人的大反思——中国人搞现代化,是为了生活得更好,而不是大雾霾。今天,雾霾已经成为北京天气的常态,每隔几天,一旦不刮风就会出现雾霾。只有在刮风、降水的时候,雾霾才会散去。雾霾危害着人们的健康,甚至有人预测,7年后,肺癌会在北京大爆发。

城市越来越大,引起了中国最高领导人的重视,提出特大城市要"瘦身"。这是十分正确的,也是十分及时的。如何才能做到瘦身?必须从根子上抓起,那就是要缓解乃至根除推动城市膨胀的动力,鼓励城市采取"瘦身"的措施。不采取这两条措施,特大城市很难瘦身。

第二,城市越来越千篇一律,失去了自身的特色。今天的中国,千城一面。每个城市本应都有自身的特色,这是因为历史和城市的独特文化所决定的,也是老祖宗给我们留下的宝贵遗产。然而,今天到中国各地看一看,城市建设千篇一律,城市固有的特色在减少。北京的例子很说明问题。1949年,中华人民共和国成立后,对于如何建设北京存在着两种截然不同的意见。第一种意见是以著名的建筑学家梁思成及其夫人林徽因为代表。第二种意见是除保留故宫外,在北京拆除老建筑,建设一个新的、现代化的北京。梁思成夫妇的主张是:北京是政治、文化的中心,不是工业和经济中心,因此要限制北京的工业,减少交通、人口和住房建设;保存紫禁城和城墙、城楼;老城新建筑不超过三层;新的行政中心应当放在老城之外,可以设在北京西郊;39.75公里的北京城墙应该建设为"城墙公园",建成一个立体的"环城公园"。

非常可惜的是,梁思成夫妇富有远见的保留老城建新城的方案被否定了,第二种方案却大行其道。从1952年年底开始,北京就开始拆除城墙,因为它"妨碍交通"。1957年,北京开始拆除古旧建筑。林徽因对当时的北京市长彭真说:"你们拆掉的是800年的真古董,有一天你们后悔了,想再盖,那也只能盖个假古董了。"梁思成有一句名言:"拆除一座城楼,像挖去我一块肉;剥去了外层的城砖,像剥去我一层皮。50年后,事实会证明我是对的。"

现在回头看,20世纪50年代对北京老城古建筑的拆除仅仅是开始,改革开放之后，拆得就更厉害了。胡同是老北京城的一个突出特点，北京的胡同在清朝有1 800多条；到了1949年，有2 550条；然而，在1978年之后，北京迎来大发展的30多年里，胡同的数量急剧减少，到1998年，还剩下990条。有学者估计，现在平均每两天就有一条胡同在城市改造的过程中消失。

其实，在中国现代化的过程中，如何对待老城，历来是有两种思路的。与北京的情况差不多，青岛却是另外一种思路。1992年，俞正声担任青岛市长，他的思路是甩开老城建新城，城市向东部发展。你今天到青岛去看一看，自1898年以降，德国租借青岛时建的老城，保护基本完好，没有被拆除，新城在老城以外逐步发展起来。

现任建设部副部长的仇保兴，十分重视古建筑的保护。2000年1月，他担任杭州市长，他上任的第三天就下决心把推土机已经开进去、正在拆除的、有100多年历史的河坊街保护下来。今天，你们去杭州参观，河坊街是一个景点。仇保兴这个决定绝非偶然，1994年，他在担任浙江金华市委书记时，拍板把浙江金华兰溪市西部的诸葛八卦村保存了下来。诸葛八卦村是诸葛亮"八阵图"的翻版，是诸葛亮后人根据诸葛亮阵法精髓设计的，有700多年历史。今天，八卦村被称为"江南传统古村落、古民居典范"，是金华市的一个重要旅游景点。而近日落马的南京市长季建业则是声名显赫的拆迁市长，古城南京被他破坏得很厉害。类似的官员以大破大立为荣，为数不少。

实事求是地说，像俞正声、仇保兴这样重视保护文化遗产的官员，在中国绝对不居多数，这也是有历史原因的。中国经历了100多年的革命，先贤们起来革命的时候，是以旧世界为敌的，他们高唱国际歌："把旧世界打个落花流水。"旧世界太不公道了，必须推翻，建立一个新世界。旧的制度必须改变，但旧世界也有许多好的东西，不能像外国谚语所说的倒脏水把小孩也倒掉。然而，革命总是矫枉过正，全世界都是如此，中国就更加厉害。革命思维有强大的惯性，人们总是认为，新的比旧的好，现代的比古代的好。在这种惯性思维的引导下，城市里出现大拆大建，大拆古建筑，破坏历史文脉，就很难避免了。

第三，大楼越盖越高，居民区的高楼越来越密集。今天到全国各地看看，你会发现一个很有趣的现象就是城市里到处都在建高楼，而且越建越高。好像楼房盖得越高，就会使城市的名气越大，地位越显赫。盖高楼已经成为一股风气，比谁盖得高谁就好像当上了中国第一，或亚洲第一，就不得了了。我讲的是一种现象，现象的背后是思想，因为思想是行为的先导。

1995年，我担任中国驻荷兰的大使，接待了浙江省一个几百万人口的大城市市长。他到荷兰访问，在各地参观，最后，他到使馆来见我，我请他吃晚饭。他对我说了这样一段话："来荷兰之前，我以为现代化就是大马路两边盖高楼，像纽约一样。到了荷兰之后，我惊奇地发现，荷兰这个国家早就现代化了，但高楼并不多。路旁一幢一幢的房子并不高，但建筑精美，很耐看。我想人们居住在这样的房子里一定很舒适。"这位市长的讲话是十分真诚的。1975年，周恩来总理就提出了要实现四个现代化——工业、农业、科技和国防的现代化。但是到底什么是现代化？我们并没有搞明白。改革开放以来，我们许多干部走出国门，看到西方发达国家的大城市、大马路、高楼大厦，以为这就是现代化。这仅仅是表面现象。当然，我们对事物的认识总是由表及里的。在我们没有充分理解其内涵的时候，就只能学习一些表面现象。

今天，许多中国城市的居民小区里，楼越来越高，楼与楼之间的距离越来越小。这可能是多方面原因造成的：地价太贵，开发商想多赚钱……我不知道人们在修建楼群密集、绿化面积很小的居民小区时，是否想到了将来生活在里面的民众。这么高的楼房，这么密集的楼群，人们如何生活啊？人不能一天到晚总是待在家里，总要出去和大自然接触。如果一出去就是上大马路，闻汽车的尾气，呼吸严重污染的空气，这个时候人的糟糕心情是可想而知的。人们最向往的地方就是有一个较为宽阔的绿化带，那里空气比较好，你可以在里面散步、聊天。那该多好！

我在驻外当大使的时候，曾经与一批回国休假的驻外使节到桂林考察学习。听到当时老百姓有一句民谣："桂林有个李金早，炸掉大楼种青草。"老百姓在跟我讲这句民谣的时候，显然是带着几分赞许的口气，赞扬桂林市长有气魄。是啊，楼群太密集了，没有办法生活啊！希腊的先哲亚里士多德说："人们来到城市是为了生活，人们居住在城市是为了生活得更好。"亚氏话不长，却道出了一个真理——城市化是为了让人生活得更好。生活得更好，这是人追求的最根本的目标。显然，上面讲的三个误区，违背了这个根本的目标。有的错误犯了，纠正起来十分困难，但是，"往者不可谏，来者犹可追"。我希望，我国在未来城镇化建设的过程中，决策者能够注意到以上误区，不再重蹈覆辙。

（原载《探索与争鸣》2013年第11期）

公共领域在塑造伦敦新场所中的作用

The Role of Public Realm in Shaping London's New Places

◎ 埃莉诺·福西特
Eleanor Fawcett

演讲人简介

埃莉诺·福西特，伦敦文化遗产发展集团的设计总监。

在伦敦于2005年获得了奥运会主办权之后，埃莉诺负责在"设计伦敦"项目中管理"奥运会边缘"项目。在这一项目中，埃莉诺负责实施了由五项主要的公共领域工程所组成的一系列将奥林匹克公园与周边社区相互连接的项目，这些项目由伦敦市长提供资金。在此期间里，埃莉诺为奥林匹克和遗产项目提供了不间断的设计顾问服务。

埃莉诺·福西特在2011年夏天以设计总监的身份加入了伦敦文化遗产发展集团担任其设计总监。在这一职位上，她负责管理伦敦奥运遗产总体规划框架设计方面的委托服务，该工作的任务便是为2012年奥利匹克公园内的一个新城区的发展设计制订各项计划。奥运会区域周围更为广阔的区域正在发生着迅猛的变化，而埃莉诺也正致力于此。

　　Eleanor Fawcett is the Head of Design at the London Legacy Development Corporation.

　　After London was awarded the Olympic Games in 2005, Eleanor led the "Olympic Fringe" programme at "Design for London". Within this Eleanor led the delivery of a suite of 5 major public realm projects linking the Olympic Park to surrounding communities funded by the Mayor of London. Throughout this time Eleanor provided ongoing design advice to the Olympic and Legacy projects.

　　Eleanor Fawcett joined the London Legacy Development Corporation as the Head of Design in summer 2011. In this role she leads the clienting of the design aspects of London's Olympic legacy masterplan framework, which is developing plans for the development of a new urban district within the 2012 Olympic Park. The wider area around the Olympic Zone is also changing rapidly, and Eleanor is working.

我所要演讲的主题是关于伦敦的公共领域。我是伦敦文化遗产发展集团的设计总监,这对我来说也是再合适不过的话题了。

公共领域包括伦敦的地标建筑、公园、街道、广场,是城市的一个决定性方面,我们能够从这些领域的长期发展中看到早期城市的演变路线。

这是一张 1873 年的地图(图 1),其中绿色部分是公园区域,这便是我想要探讨的公共领域的部分。这张地图的边缘地带是一些没有被任何建筑和工业包围的绿色地块。人们在开发伦敦市的同时,设想了他们想要的城市类型——一个拥有公园的宜居空间,城市则建造在公园的外围。

图 1　1873 年的伦敦市地图

图2　摄政公园

摄政公园（图2）就是一个很好的例子，公园与其周围的建筑布局协调。纳什排屋（图3）现在是伦敦最享有盛誉的地区之一，但如果不是它和摄政公园的关联，它永远都不会有现在这样的地位。伦敦现任市长鲍里斯·约翰逊（Boris Johnson）和前任市长肯·利文斯通（Ken Livingstone）都很能理解这点。过去的10年里，伦敦市政府和市长在公共领域的投资都有很大的改善。我希望我可以告诉你们更多在伦敦发生的项目，我数了一下，在这10年已经有217个在建或已完成的公共项目。我非常幸运能和伦敦市长一起，在过去10年里参与了这些项目中的大部分。今天在这里给大家看的仅仅是其中一个例子——伦敦奥林匹克公园。也许大家会感兴趣，因为有北京奥运会、上海世博会，还有其他的一些众人熟知的主要项目，他们和伦敦奥运会有异曲同工之妙。我将分享关于奥林匹克公园和与之相关的有趣的观点和事件，奥林匹克公园和我今天所要讲的主题有着非常有趣的关联。

图3　纳什排屋

伦敦奥林匹克公园的构思基于它在公共领域上的作用,这个公园被建造在伦敦市的市中心。在讲这一点之前,我先给你们解释一下伦敦奥林匹克公园的愿景和现状。在示意图中,伦敦奥林匹克公园被标为红色(图4)。这是一个极佳的选址,首先它位于伦敦的中心,它几乎就在伦敦区的边缘。伦敦和纽约比较类似,它的发展非常迅速,同时也是欧洲人口增长最快的地区之一。人口的增长发生在城市东部的老工业区,这

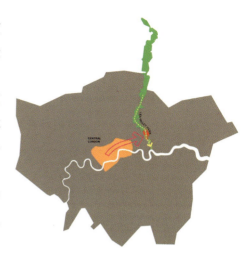

图4 被标注为红色的奥林匹克公园

也是奥林匹克公园的选址地。这个区域恰巧毗邻一个长达26英里从郊区绵延至城市的公园。正是这样的巧妙组合带来了新的机遇。

我非常喜欢阿伯克龙比(Abercrombie)在1943年绘制的这张旧地图(图5),它展示了伦敦当时的策略。有趣的是,在这里你能看见标了

图5 伦敦市社会功能分析图

红色的区域西向伦敦市中心的尽头,即议会大厦和牛津街的所在地,这里是伦敦作为金融城的体现。在黑色区域的右边,是所有的工业区域。黑色区域的正中间,就是奥林匹克公园现在的所在地。我们可以看到伦敦市现在有三个关注的焦点:除了西区继续繁荣,伦敦市也出现前所未有的繁荣之外,新的焦点出现在城市的东部,那里有金丝雀码头、OT中心和皇家码头,现在又有了奥林匹克公园。

当我10年前第一次参与到奥运筹备工作中的时候,那里有278个不同的土地拥有者,几乎都是工业地块,只有少数提供给游客的居住区域。这是几张关于当时土地环境类型的照片,这块土地就是现在的奥林匹克公园。项目刚开始的时候,人们的关注焦点是这里恶劣的环境(图6)。

图6　2003年恶劣的环境

同一时期而我在逐渐了解这块区域时拍下了另外的这些图片。我们需要认识到这块区域独有的特点:它有很多的水道(图7),虽然很隐蔽,但很漂亮。我之前提到过伦敦的这个地方有令人惊讶的多样性,这个区域拥有超过300种的方言,是伦敦最多样化的地区之一。这里的企业也很多样化,人们仍在制造商品,依旧有工业存在,这里还有大量的艺术家群体,我稍后会对此展开讨论。

伦敦市的这一地区给人以边缘化的感觉,是人们开始逐梦的地方,让人们在伦敦市能够遵循他们的梦想找到他们的容身之处,并给人以归属感。这在类似伦敦这样的城市是较难实现的,尽管一些变化已经不可避免地发生,这种归属感仍是我们正在试图识别并保留的。

图 7　2003 年隐蔽但漂亮的水道

　　这一地区的空间因素并不是我今天主讲的部分，我将着重点落在伦敦市社会经济的再生是奥林匹克公园和奥运项目最大的推动力这一点上。2006 年奥运区域周边地区市长提出："奥运会的真正挑战是利用运动会来减少社区中的颓丧，运动会为我们提供了一个绝好的机会来戏剧性地改变我们的社会。"一位政府部长同时说："做所有事情的目的，不只是考虑60 天的运动会，而是为伦敦最贫穷的地区留下一笔遗产。"

　　"遗产"这个词从一开始就一直是伦敦奥运会竞标概念（图 8）的核心，我将通过一个图形总结我的工作。一切都基于我们想要承办的奥运会，这是一个美丽的气泡，它可以发生在任何地方。奥运期间安全保卫是如此紧张，它给人的感觉是非常受控制的，而我们试图做的是承担这个密封的世界并将它向外散发，为奥运会周边社区创造一个涟漪效应。这正是我们所说的"遗产"的意思，不仅从物理的角度有意义，也在社会经济方面有意义。

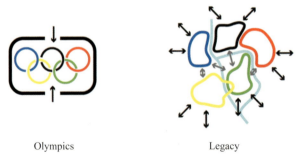

图8 奥运遗产概念示意图

除了今天介绍的工作外，我们还制订了一系列非常成功的教育、健康和就业计划。我可以解释一下所有的事情，例如在奥林匹克遗产方面发生了什么，然后我们回到公共领域和公园本身。

这是这片土地最初的模样（图9），后来它成为一个整理好的场地，我们买下了所有的土地所有权，做了很多基础设施工程。截至2012年夏

图9 奥林匹克公园最初的模样

天都只是这样,奥运会只是伦敦一个美好的愿景。对于我们这些参与了很长时间的人,它比我们可以梦想的还要好。接下来,我将要谈论的是我们从那以后一直在做的。从电视上了解到的奥林匹克公园,所有的场地都聚集在它的中心的开放空间周围。

这块区域虽然现在看起来像这样,但它实际上改变了很多(图10)。我们已经把地方重新变成一个建筑场地,拆除了只为奥运会设计的一切。比如说很多桥梁非常宽,奥运会需要这样,但城市不需要,所以我们缩减了它们的规模。原先它们建有临时位和永久位,我们删除了所有的临时部分,我们仍可以在照片中看到一些临时场地(图11),但那是删除了五个体育场馆之后的情景,保留的场地是显示的这些。之所以最后只能留下九个场地,是因为我们知道有一些东西是长期看来伦敦所不需要的。

图10　2013年1月改变后的场地

我们还清理了所有的建筑区域的背部,地图基本上显示了我们将要在2014年春天拥有的东西——面对美丽公园的四个地块,周围有清理好的场地（图12）。那些整理好的场地使我们能够开发一个新城区。

图11 保留的场地　　　　图12 2014年的设想地图

我们现在被允许在这些清理好的空地上建立超过7 000个新建筑，包括四个新的学校以及建立一个新城区所需要的一切。这些地区的第一栋建筑将在两个月后开始动工。

我们认为可能需要10—20年才能实现一个在公园周围建造房子的印象。这真的是开发一个新城区，现在真正令人兴奋的是如何播下种子，随着时间的推移区域将成形，建筑将在五个新的社区里，而每个社区都已经考虑到连接过去在这里的周围地区，每个社区都有一个稍微不同的性格。我们希望为今天如何在伦敦创造城市地区制定一个新的标准：这是接近韦斯特菲尔德购物中心和斯特拉特福特的主要交通交汇处的高密度地区，一直到毗邻更多的仓库类型区域的有很多艺术家的低密度区域，再到家庭住宅区。

回到公园，我们今天关注的，正显示在这个草图的中心（图13）。几年前我与几位顾问做了些工作，他们总部在纽约，名叫HR&A事务所，他们真正帮助我们明白，这不是像海德公园那种寻常意义的公园，也不像是人们能够观赏日出的乡村，这是一个后工业园区、一个景观，铁路线和下水道从中穿过。在这块巨大的区域中道路交织，它是一个非常明显的人造环境，实际上这就是我们需要庆祝需要对此感到兴奋的，而不是希望它成为一个更传统的公园类型。其中最不寻常的事情之一是水道的作用和它们所扮演的不同层次的角色，这是真正创造出公共空间复杂网络的作用。实际上，在奥运期间，人们在照片中第一次看到这些不同层次，才开始明白这些区域在奥运会中真正的意义。

图13 草图中心是奥林匹克公园

图 14 水中的巨大物体

图 15 三个拥有不同特质的公园

所以你可以看到层级和水道通过创造所有不同类型的环境而被颂扬。北部公园的设计使它成为一种更加自然的区域,水中的巨大物体(图14)是英国航空公司的赞助区域,他们有一个可以让每个人都能观看奥运会的巨大屏幕,人们从不同地方看过去,都会陷入这个有机景观惊人的魅力中。我们采取了这个为非凡的国际盛会设计的景观,并且我们熟知如何将它从景观变作伦敦的一个寻常公园,那实际上是三个拥有不同特质的公园(图15)。所以我会向你解释这些不同的区域,如何干预使其成为适合未来的愿景。

这是北部公园在奥运会期间的样子（图16），这是一个更安静的区域，靠近室内自行车赛车场和媒体中心。这是它现在的样子，我们很自豪能够如此迅速地将公园在奥运会举办后一年的今年夏天7月27日向公众开放（图17）。它现在成为了真正很受欢迎的伦敦公园，其中的一部分原因就是我们意识到了，如果只是将它当作一个奥运期间的美丽景观，却不开放给市民去运动，给孩子去玩耍，是非常不切实际的。我们认为，给市民一个合适的理由去那里休憩是非常重要的。所以我们委托举办了一个国际设计大赛来设计一些新的公园建筑，也就是我们今天见到的公园右边正在建造的这些和一个如今即将完工的新游乐场。到那时，看到伦敦东区的孩子们遍布这个公园并享受它，这将会非常鼓舞我。

图16　北部公园在奥运会期间的样子

图17　2013年向公众开放的北部公园

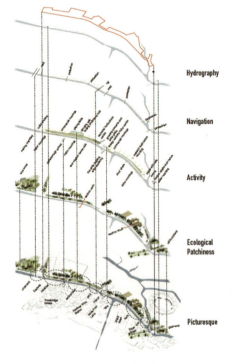

而这个场景,现在已经开始在运河公园(图18)开始实现。这是一个非常有意思的线性公园,连接着伦敦的南北区域。它最初的发展是和当地社区及划船社团共同规划的。

至于南部公园(图19),这是我们将会看到拥有最大变化的地方。在奥运期间它主要是一个巨大的柏油路面混凝道路,因为它必须承载参加奥运会的所有观众。我们可以看到体育场和水上中心之间的条状区域(图20),这个区域在奥运期间人头攒动、生机勃勃,给人

图18　运河公园

公共领域在塑造伦敦新场所中的作用

图19　奥运期间的南部公园

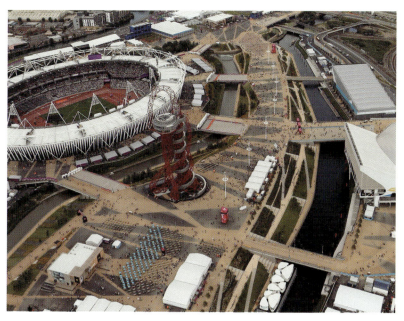

图20　体育场和水上中心之间有条状区域

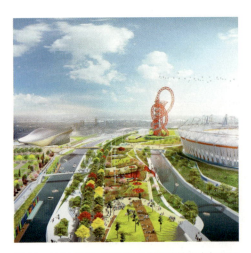

图21　2014年春天即将向公众开放的新南部公园

的感觉就像是2月伦敦潮湿的周二午后。持续这样的话,这个地方会令人沮丧。我们在两年前再一次举办了一个大型的国际设计大赛,收到了超过50份来自世界各地的提案,最终我们选择了设计纽约高空城市花园的设计团队詹姆斯·考纳菲尔德团队（James Cornerfield Operations）。这个项目将要在明年春天开放（图21）,所以我们只有短短几个月的时间,而我们渴望创造一个让人感觉非常城市化同时却又非常程序化的地标区域,你可以举办各式丰富的活动吸引人们前来,也可以在没有人的时候充分探索,感受它的舒适和吸引力。它的理念是拥有一系列有各自特质的户外房间,这将会通过园林景观来实现。我认为这会成为一个壮观的地方,欢迎大家明年夏天前来体验,它会告诉你们我们在奥林匹克公园内部做了哪些事。我今天只是简略介绍,但我希望能带给大家一些感受。

最后,我将飞快地给大家讲一些关于奥林匹克公园外面的故事。那是一个我之前提到的,非常密集且贫困的社区。这个社区,是我们在2005年赢得奥运会举办权时答应过一定要使它从奥运会中获益的地方。这个演讲有趣的地方在于能让我们思考公共领域对我们在这一区域所做的工作有多么重要。整个这片区域受到了缺乏连接性带来的巨大的拖累。这是伦敦的地图（图22）,伦敦市中心拥有各式街道,有国会和大本钟,也有伦敦塔,而这是奥林匹克公园所在的李谷。伦敦市在结构上拥有巨大的差距。这张地图的内容令人欣慰,它让你意识到我们担负的是一个多大的挑战,我们为此花费如此多的时间也不足为怪。

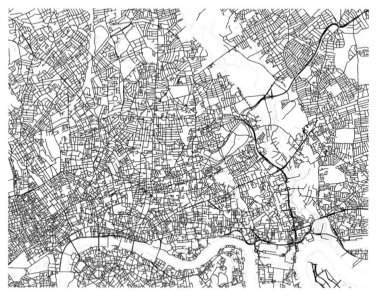

图 22　伦敦地图

现在这块区域的样子，它并不是为了供人们在周围散步或骑行。我们意识到如果人们需要通过这样的方式到达奥林匹克公园，他们永远都不会认为这个公园是为他们存在，他们也永远不会从那块区域的新住房、新公园、新学校和新的工作中充分得到我们希望他们享有的利益。在那里，你可以清楚地看到我认为是惊人成功的金丝雀码头，但周围的人群确实从未因此获益。我相信这一定有一部分原因在于这块区域被高速公路、铁路、水路、电线和空地所分割。

我们真正想要做的是尝试创建一个以奥林匹克公园为中心网络（图23），而不是一系列的单独版块。我刚刚选择的一个项目已经提交了大约一亿英镑投资来连接伦敦。但这些非常漂亮、非常好的设计，还有小的步行道和自行车道连接，已经再次连接了这个区域。和连接人们一样，成为这个项目中心事件之一的就是肯定这个区域的特质和身份。我在一开始就说过，这是一个非常特殊的地方，这个项目也非常特别。

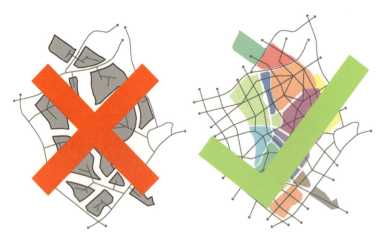

图 23　创建城市网络

在过去几年里,我担任了由市长资助的一系列公共领域项目的执行。奥运会的每个项目都能及时完成,且每个项目都有各自的特质,都和他们所在的地区有关联。例如在莱顿(Leighton)的商业街(图24),我们对绿植、当地历史景观、公园进行了一系列的深入改造,以建立良好的公共领域。

图 24　莱顿的商业街

我想做的只是略微拓宽地谈一个事实:我们已经开始发现,最成功的事情之一是公共领域不只是花岗岩道路和桥梁,我们将公共领域也视为公共生活,并真正将这些空间带入生活,最终创造了这些不只是有漂亮路面的地方。在莱顿,我们与所有相邻的商店业主合作,投资给每个商店,让重做窗户恢复建筑物,使他们不仅能代表自己,同时也能够建立和扩大自己的业务,这就是使这个区域不同寻常的原因。

这之所以重要,是因为我们想让周围社区的生活能够融入奥林匹克公园的这些新社区。我们知道将要使奥林匹克公园社区达到成功,就要让人们最终感觉它是真正生活的地方;而不要仅仅是一个建筑师的愿景,却没有人真正想要花时间待在里面。

所以我认为这将促进我很好地谈论在奥林匹克公园西部的另一个地区,称为哈克尼维客和鱼岛(Hackney Wick and Fish Island),我们发现它拥有欧洲最高的艺术家密度,是伦敦一个人们并不真正了解多少却很重要的创意中心。所以当我们谈到公共领域项目时,它就成为这个项目的一部分。

我们深思熟虑设计项目,使每一个项目都能呈现这个地区创造性的工作和生活,所以我们请本地艺术家、制造商来参与制造和建立我们在那里创造的差不多10个公共领域项目的所有元素。我们创造了一个在道路中间种植了一棵13米高的树的新公共空间(图25),这是其中一个街区深入改造的项目。

我们不止做了这一点。我们还开发了其他公共领域项目,与当地学校、教会合作,给予人们真正的空间所有权,让他们感觉奥运会是为他们举办的,我们想要给人们一个机会去重新感受到这个区域是属于他们的。

我们很快就超越了纯粹建立公共领域的目标。我交付的一个项目是一个文化和社区中心,它被称为是白楼(图26),创意社区第一次在该地区有了面向公众的一面,它支撑着这个地区一个新的微型啤酒厂、一个

图 25　在道路中间种植了一棵 13 米高的树的新公共空间

图 26　白楼

小型电影院，本地的市民对此地的生活心怀感激。

  这种临时用途的作用是使事情、使生活可见，我们正在变得越来越专注于将给区域一个特质作为我们公共领域计划的一部分，我们一直在世界各地寻找做过这些临时用途并给地区带来生命的人们。我们现在正在做的，是关于奥林匹克公园以及创建所有的公园空间和公共领域空间。我们正在采用所有这些空地点，并制定如何将它们带到生活与临时用途的战略，基本上人们的生活已经开始与这些领域接触。我们需要明白，这将是一个耗时 10—20 年的项目。我们现在撒下种子，无论是通过公众活动或是建造实体公共领域，最终将塑造成我们试图创造的这个新城市。

内容先行：博物馆兴建之前

Content First: A Museum Before a Building

◎ 陈伯康
Aric Chen

演讲人简介

陈伯康是 M+ 博物馆设计和建筑策展人，M+ 是一个为中国香港的西九龙文化区而筹划的新型视觉文化博物馆。在此之前，陈伯康还以创意总监的身份成功协助 2011 年与 2012 年北京设计周重新启动，并且还在 2008 年和 2009 年担任了 "100% 设计" 上海展的联合创意总监。陈伯康此前定居纽约，而如今他已经在全世界范围内组织了数不胜数的展览会和项目，并且还参与了包括《纽约时报》、《快速企业》、Monocle、《哈佛设计杂志》以及 PIN-UP 等刊物的出版。

Aric Chen is Curator of Design and Architecture at M+, which is the new museum for visual culture being planned for Hong Kong's West Kowloon Cultural District. Previously, he successfully helped relaunch Beijing Design Week as its Creative Director in 2011 and 2012, and was Co-Creative Director of 100% Design Shanghai in 2008 and 2009. Formerly based in New York, Chen has organized numerous exhibitions and projects internationally, and has contributed to publications including *The New York Times*, *Fast Company*, *Monocle*, *Harvard Design Magazine* and *PIN-UP*.

内容先行:博物馆兴建之前

M+博物馆(图1)是西九龙文化区的一部分,是一个很大程度上关乎公共领域的项目。我来自美国,曾任北京设计周的总监,在北京居住了4年。2012年11月我搬到中国香港,从我离职成为M+博物馆的策展人之一仅仅用了9个月。我们已经确定了博物馆馆址,但还没有建立起真正的实体博物馆。然而M+博物馆确实存在,我将依据这个来阐释标题"内容先行,博物馆建筑修建前的博物馆"。

图1　中国香港西九龙文化区M+博物馆建筑规划地图

香港西九龙文化区可能是世界上较大的文化项目之一，由中国香港特别行政区政府资助，为其预留了约 217 亿港元，约 200 亿人民币，或约 20 亿欧元。这是诺曼·福斯特建筑师事务所的总体规划，这个事务所因帮助北京机场设计 3 号航站楼而在中国闻名。西九龙文化区是一个在维多利亚港占地 40 公顷的项目，它的东南方是海港城——位于九龙尖沙咀非常知名的购物中心。在 M+ 博物馆馆址以北有一个红色的建筑物，那是高速铁路终端，将连接香港与内地。所以馆址处于一个非常好的中央位置，最终将建成一个 20 公顷的公园，我们希望它会被香港人喜爱，就像伦敦的奥林匹克公园会被伦敦人喜爱那样。它将有约 17 个大大小小的表演艺术场馆、音乐厅、剧院、歌剧院和 M＋博物馆，博物馆馆址位于规划区的最左侧。

所以什么是 M＋博物馆？这是我们博物馆在六七年前写的使命陈述："从一开始博物馆就不仅仅把自己视为一个建筑，它应该成为一个新型的文化机构，侧重于 20 世纪和 21 世纪盛行的视觉文化，从中国香港的角度，从现代的角度，以全球视野来广泛定义。"那是什么意思？我们的视觉文化是什么意思？对我们而言，基本上把它定义为包含视觉艺术、设计和建筑的艺术，在我看来还有影像。在这些学科里，因为我们在世界上的位置，因为中国香港的传统，同时强调水墨艺术和流行文化，这将渗透到我们收藏的其他领域，我们将是一个以收藏为基础的博物馆，包含物体和其他材料和媒体的永久性收藏。

我们现在有这些学科，但同时，在许多其他博物馆，尤其是世界上更成熟的博物馆正试图打破学科之间的分界线，作为一个新的机构，我们从一开始就有一种探索学科之间的流动性优势。因此，虽然我们有这些类别的范畴，但我们也非常有兴趣探索它们重叠的方式。从跨学科的角度，不同的材料可以以不同的方式来看待。这也与我们亚洲人的看待方式有很大的相关，因为我们当然是这个世界的一部分，而在这里这些学科之间的区别从来没有这样被定义,所以在许多方面,我们反映的是我们在哪里的感觉,我们在哪里是非常重要的。我们当然是植根于香港,是香港的一个机构,但香港一直是一个向外看的全球导向的地方,所以我们作为一个博物馆来向外看,来扩大我们的范围。珠江三角洲地区,这是我们所处的位置,我们还可以扩展到中国其他地区、亚洲,当然还有更远的地方。重要的是,我们不仅从我们的观点来看待这个世界,而且我们也非常愿意探索地方之间的联系。汇合、互动和影响,无论何时,无论何地,结合在一起总能找到视觉艺术。

我说过我们会有一座建筑,这座建筑计划在2017年年底完成。如今,通常当人们问我,我给他们的答案含着一种叹息,一种震惊、同情、可惜和困惑的混合体。问题是你正在一个四五年内不会建成的博物馆项目里工作,你到底在做什么?我认为这个问题非常关键,击中了M+作为一个博物馆是关于什么的核心,以及我们近年来在整个世界特别是在中国发生的博物馆繁荣的背景下,如何努力才可以至少能做出不同的事情。首先,我之前说过,虽然建筑物对我们非常重要,我们想强调的是,博物馆不是一个建筑物,它关乎建筑物内发生了什么,建筑物周围发生了什么,在它所在的地方以及其他地方,还有更远处,博物馆能做什么。现在我们怎么理解这一点?又是如何达到这一点的?为什么会发生一个博物馆开幕五年前就招募创作者的情况?中国香港特别行政区政府如何做出这项决定?我会就这些问题先阐释一下背景,关于西九龙文化区和M+。

西九龙文化区建立的故事是一个很长且动荡的故事,但在建立途中的颠簸已经产生了我所认为和希望的一个更好的结果。我们博物馆的选址在20世纪90年代初还不存在,这是一块从港口填海的土地,建立的原因部分是因为一个新的过海隧道——机场快车隧道需要创造这片土地(图2)。到了1996年,中国香港旅游局对游客进行了调查,询问他们对城市提出的问题和他们想看到什么,收到的一个重要反馈是游客希望在城市里看到更多的文化名胜。这促生了我们能做什么的概念,我们应如何改善中国香港的文化基础设施?但重要的是,中国香港特别行政区真的提出了关于促进旅游业的议程,与其说是关于文化,不如说是关于文化吸引游客的作用。

图2 20世纪90年代初的中国香港九龙

1997年,由弗兰克·盖里(Frank Garrett)设计的毕尔巴鄂古根海姆博物馆开幕,它被认为使这个西班牙巴斯克地区生锈的老工业城镇重振成为重要的国际目的地。博物馆吸引了无数的游客,并帮助填满了这个城市的库房。而1996年只是1997年之前的一年,所以这个想法当时正在浮动,但人们并不清楚创造文化意味着什么。然而,1998年时任中国香港特别行政区长官的董建华正式提出西九龙文化区的概念,作为建设中国香港基础设施的一种方式,使其成为一个更吸引游客的地方。同样,人们不清楚这将如何形成,但在2001年,福斯特建筑师事务所赢得了一个设计西九龙文化区(图3)的概念竞争。正如你可以看到,馆址围绕一个巨大的天蓬

图3　福斯特建筑师事务所设计的西九龙文化区

旋转,延伸了它的长度。但是,没有人真正地确定内部到底应该是什么,更重要的是谁将为它买单。2003年,政府要求开发商提出建议。几个很大的开发商投了标,下图是其中之一(图4),你可以看到在这个概念里,侧面体量很大,但它不是真的看起来像有任何文化建筑,公众非常迅速地注意到这一点,并且变得非常怀疑这个计划,这似乎只是另一个开发商攫取土地的计划。公众对谁将成为唯一的获利方感到非常困惑。由于这种抗议,计划被取消了,政府决定搁置事情,重新开始规划。2004年,有一个博物馆咨询西九龙文化区规划小组关于M+的内容,开会确定这个博物馆的愿景,这就是现在被建议的西九龙馆址。在这个时候,香港和纽约的古根海

图4　某开发商提出的方案

姆博物馆以及巴黎的蓬皮杜都有讨论要在香港开设分馆。结果是香港特别行政区政府决定他们不想要一个现有机构的分支机构,而是做一些真正激进的活动,即创建自己的博物馆,这个博物馆的规模和种类大概不只是在中国香港或内地,甚至在亚洲的任何地方,都还没有过。因此,这真的是一个大胆的举动,这样的功劳必须归功于博物馆咨询组。但是,事情的确因此延迟了下去。几年后,我决定做一系列的公共参与演习,历时超过6个月,公众被邀请见面、成立工作坊并提出他们的意见和想法,以此帮助重塑整个西九龙文化区现址的简介。所以当你谈论公共领域时,在这种情况下,它演变成一种不只是自上而下的东西,而且至少是自下而上的元素。

2011年,还有另一场比赛,基于公众对该馆址的投入程度,三家公司入围了决赛,包括雷姆·库哈斯(OMA Rem Koolhaas)的另一家非常重要的中国香港公司Rocco Yim(严迅奇),还有福斯特建筑师事务所,公众可以看到提案,再次给予反馈,最终福斯特再次赢得了比赛,这是我们现在以此工作的总体规划。我承诺我们将会有一个建筑，我不会深入太多的细节，但有时候真的很奇妙，它看起来很简单，可该计划内有一些神奇的元素以及引人注目的戏剧元素，由赫尔佐格和德木龙（Herzog & de Meuron）设计，这个公司设计了北京的鸟巢体育场。大厦非常巨大，它占地 6 万平方米，作为比较，是纽约现代艺术博物馆的 6 倍。它将有大约 1.5 万平方米的画廊空间、办公室、住宅、学习空间、教育、餐馆、咖啡馆、商店、存储和保护空间，还有博物馆所需要的一切。那么，中国香港在走进西九龙文化区这个漫长的过程中，可以学到的教训是什么？我们在这个前提下听到了很多所谓文化等于经济发展的言论，这是 15 年前西九龙文化区最初的推动力，这种说法可以在几乎是世界上的任何地方听到。但我认为中国香港迄今为止的经验告诉我们，这种"文化等于经济发展"的观念被用得太多了，以至于它失去了很多的意义，以至于到后来重点变成了发展经济而牺牲了文化，在许多情况下仅仅变成了名义上的文化，变得有点本末倒置。经济发展不必由文化产生，而文化的存在是为了经济发展。

之前谈到这个被误解的说法，也许值得思考这个"文化等于经济发展"的公式这些年怎样越来越被误解，并提醒自己文化实际上等于内容，在很多城市一直在进行的许多这样的提案和计划里，内容似乎有点被丢弃了。以我有些过时和天真的眼光看来，文化和内容是有价值的，仅仅因为自己的优点，因为自己的缘故，他们是有价值的。但我意识到，在当时，这是一个非常困难的争论。所以我们可以继续说，实际上是内容创造了经济发展，内容是供人们消费的，不是抽象的文化概念。而文化是什么？为了市场化推广一些东西，你需要知道你在营销和促销什么。所以，目标不一定是冲突的，文化、内容和经济发展当然可以且应该携手合作，但重点应该是内容。当我还是北京设计周的创意总监时，我曾经总是说，推动文化发展的主要驱动力也是经济发展。作为创意总监，我真的不在乎经济发展，不关心经济发展是我所能做的帮助经济发展的最好的事情，因为它只是重视内容。发展良好的内容，经济发展自然会跟上，如果你有好的内容，游客会来；如果你有良好的内容，媒体关注会来；如果你有良好的内容，将会获得收入、工作；等等。

　　那么，我们在 M＋的内容是什么？正如我所说的，我们是一个基于收藏的博物馆（图5），我们在未来四五年里做的事情之一是建立一个集合。去年的一大亮点是我们非常幸运地从瑞士收藏家乌里·希克（UliSigg）那里得到一个重大的捐赠。他在几十年的时间里积累了从20世纪70年代末到现在的当代中国艺术的收藏，乌里捐赠了近1 500件作品，我们购买了约30件，但绝大多数是捐赠的，都是乌里拥有的、在当代中国艺术史上具有重要里程碑式的作品。从那时起，我们又添加了另外1 000件左右的作品，其中几百件是与设计和建筑相关的，而且我们每个月都在增加。

图5　M+博物馆的一些藏品

在此期间，我们不仅仅是藏在暗处购买和收集东西，我们的博物馆是一个公共机构，作为我们的公共服务使命的一部分，我们正在全香港和其他地方的各种临时场所办展览。这部分是作为我们将展览组织在一起的一种实践方式，部分是作为我们琢磨我们的策展视野和使命的一种方式，当然还有一种在博物馆开幕的过程中开发观众的方式。2012 年 5 月，我们启动了移动 M+，这是我们系列巡回展览的第一个，油麻地移动 M+。这发生在香港九龙区的油麻地区，我们接管了整个地区约 6 个或以上的空间，并委托香港艺术家建造特定场地的装置。2013 年 1 月，我们与亚洲艺术档案馆合作，与中国艺术家宋冬组织了一个项目。2013 年 5 月，我们举办了"充气！"展览（图 6），这是一个由艺术家包括杰里米·戴勒（Jeremy Deller）、曹斐、保罗·麦卡锡（Paul McCarthy）在西九龙馆址上创作的一系列大规模充气雕塑。它非常受欢迎，在 6 个星期内吸引了约 15 万名观众。这个展览实际上是在整个雨季进行，所以虽然我们有很多恶劣的天气，但仍然对公众的反应非常满意。

图 6　西九龙 M+ 博物馆馆址上的"充气！"展览

2013年6月,我们的馆长拉斯·尼特维(Lars Nittve)与艺术家李杰策划中国香港参与威尼斯双年展。我们还做了未来3年的公共研讨会和会谈,称为M+事务,讨论博物馆在发展时面临的关键问题——我们是谁以及我们的方法。2012年12月,我们举办了一个亚洲设计展,1月举办了一个水墨艺术展,实际上还在2013年3月举办了一个中国博物馆的热潮展,因为我们都知道,在中国博物馆有巨大热潮。仅在2011年,中国就建立了400家博物馆,这是个非常有名的数字。这当然使世界对这个地区文化景观的看法产生重大影响,所以我们和纽约的哥伦比亚大学一起做了一个对这个现象的观察研究,哥伦比亚大学也正在做一个关于这个主题的工作室。起初,我们在2012年11月有另一个M+的事件,称为"艺术品文献",2013年,1月我们有第一个建筑展览"建筑M+,博物馆大楼设计和建筑藏品展";2月我们有一个多平台在线/离线项目被称为"霓虹灯项目",它将霓虹灯作为一种中国香港的城市和视觉文化;同一个国际背景下,在3月,我们把李杰的威尼斯双年展装置展(图7)带回中国香港给本地观众看。欢迎在座各位前来观看。

图7 李杰的威尼斯双年展作品

创意产业孵化器：来自澳大利亚的经验

Creative Industies Incubation: An Australian Experience

◎ 辛西娅·麦克尼
Cynthia Macnee

演讲人简介

辛西娅·麦克尼是澳大利亚昆士兰科技大学创意学院时尚孵化器与设计中心的经理,该学院是澳大利亚第一个创意产业学子专区的商业部和唯一一个孵化器。

辛西娅与创意行业中处于初期的公司以及初创企业进行密切合作,领域涉及电影电视、新媒体、音乐、时尚以及设计,同时她还协助组织澳大利亚创意企业的年度创意论坛。

辛西娅在纽约、新西兰和澳大利亚的艺术、媒体和创业行业中拥有长期工作经验,并且她所从事的都是大型企业、创意项目以及富有激情的活动。她在与初创公司发展、产品与系列产品的开发、媒体制作、运营、活动与策展等领域中担任管理层的职位。同时她还是经常担任公开发言人,并且是创意行业的支持与发展领域的倡导者,此外她十分擅长培养创意型人才从而实现商业成功。

Cynthia Macnee is the manager of the CEA Fashion Incubator and Design Hub at QUT Creative Enterprise Australia (CEA), the commercial arm of Australia's first dedicated Creative Industries Precinct and only dedicated creative industries incubator.

Cynthia works closely with early stage and established businesses across the creative industries, in the areas of film and television, new media, music, fashion and design and also curates CEA's annual Creative3 forum.

Cynthia has enjoyed a long career in the arts, media and creative industries covering New York, New Zealand and Australia and characterised by big names, innovative projects and passionate campaigns. She has held management level positions relating to start- up business development, product and range development, media production, operations, events and curation. She is a frequent public speaker and advocate for the support and growth of creative industries and an expert at developing creative talent to achieve commercial success.

我来自澳大利亚，在布里斯班工作，我来这里与你们分享关于澳大利亚昆士兰科技大学创意学院的故事。我们是一个孵化器，我们是昆士兰科技大学的一部分。众所周知，我们有一个获奖的创意产业区，将电影、电视、新媒体、教师和企业聚集在一个区域。我非常自豪能在这里告诉你关于我工作的孵化器，以及我们用来帮助加快年轻创意企业家成长，帮助他们实现精简他们的企业，并与导师合作的一些方法。

我们看到的最重要的事情是让来自行业的导师与年轻的企业家一起工作，给他们一个工作空间。所以我们有一个共享空间，时装设计师与工业设计师一起工作，而我们工作的领域包括电影电视、新媒体、音乐、时尚与设计。

孵化器是一把伞（图1），我们实际上支持这些企业家追随他们的梦想。现在，很多创意人才是非常独立的，特别是设计师，喜欢做自由职业者，有时说服他们在他们的职业生涯早期就建立起商业模式是非常重要的。而且越来越重要的是，年轻设计师走出学校，有一个商业模式的心态可以使他们不浪费时间，他们可以在那里找到正确的新媒体方向。人们在他们的毕业季就展开公司间的竞争，有时在他们大学二年级，所以没有理由去等待他们成熟。因为他们转化快，所以他们都是很棒的。

当设计可以发生在任何地方，获取信息是无限的。孵化器如何领先于学习曲线，更好地帮助新一代设计师寻求比传统模式更多的东西？电影、电视和音乐产业已经随着技术、移动技术、下载、分发和众包永无

图1 伞

停歇地改造着可能性。但是对于企业家来说,这是令人困惑的。我们与设计师和新媒体在各个部门合作,所以很多我们的设计师在数据可视化领域工作,他们不只是制作美丽的图片,讲述复杂的信息的故事,他们实际上在帮助产业。我们的一个公司"第4区",实际上已经与采矿业密切合作,帮助他们了解在行业内如何工作。设计师制作游戏帮助培训人们如何使用机械,一个很好的结果是,他被邀请去拉斯维加斯代表澳大利亚参加一个采矿业会议。对一个只是对漂亮的图片和数据可视化感兴趣的年轻设计师来说,这是一个极大的工作拓展。我工作的主要区域是时尚孵化器和设计中心,我们在建筑内创建了一个单独的空间,可以容纳多达10个设计师,我们有缝纫机,我们有一个专家设计技术员,以帮助裁缝、图案制作、光栅……我们还每月从业界请来导师,帮助时装设计师不仅在他们的设计中创造美丽和原创的艺术品,而且还制造人们想买的衣服,因为毕竟最后是为了赚钱。我们希望他们有创造力,但我们也想把控他们的业务，并实际地教他们选择卖给谁以及如何卖。所以教他们谁是市场，谁是要穿他们的衣服的女孩，这真的很重要。每个设计决策于我们而言都是一个商业决策，而可持续发展于世界而言至关重要，因此实际上教会年轻设计师如何节俭，只做人们真正想买的东西而不仅仅是梦幻般的东西，这真的非常重要。但我们真正试图培养的当然还是他们的艺术能力。

我们孵化器的一部分有缝纫实验室，如前文提到的，我们也帮助他们做服装，这是我们支持设计师获得收入的一种方式，所以我们实际上支持小型生产。任何在时尚圈工作的人都知道，很难获得一个完整的集合，有时制造多达25—30件只是为了展示给零售商，而且花费了很多钱，而要把它做成出口、外包却很难，因为人们不想要，中国的工厂不想做任何物品中的仅仅两件，他们想要大订单。所以我们帮助他们完成第一个阶段，这对一个年轻的设计师来说非常重要。因此，我们采取整体的观点去结合设计思维和业务模型生成。亚力克斯·奥斯特瓦尔德（Alex Osterwalder）的业务模型（图2）生成一书非常重要，我想任何人都想要围绕业务建模而不是业务规划，它是非常值得去深入研究的。

我们也寻找有合适愿景和商业化配比的设计师。最后我们知道，设计师走出大学会对他们的创造力充满信心，但我们希望他们对商业世界也有信心。所以这就是孵化器对一个年轻公司的前3—5年里至关重要的地方。

因此，这只是任何一个小公司真正的挑战，也许很难留意到。但是在最初的几年里，假如你是一名自由职业者，正在积累客户，例如为电影制作音乐视频，工作千篇一律，谋划退出开启新的一页。对于许多创业公司而言，这是职业生涯中最激动人心的部分，但随后就撞上了这堵墙——需要资金。当前去银行获取资金帮助时，自我感觉良好，对银行说"我很酷"，因为拥有所有这些客户（发展前景良好）。银行说，这不

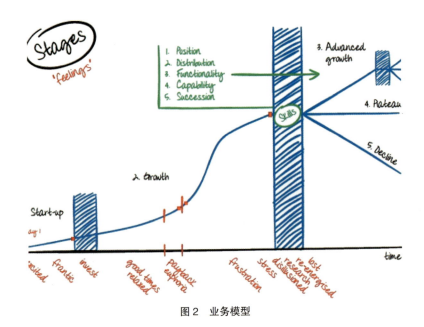

图2　业务模型

是我想知道的。如果政府不支持他们,那么谁来支持这些创新者呢?当他们越过那个阶段生存下来,他们成长了,并且也看到了未来,但是在某些时刻有所斩获,变得越来越忙碌,他们更加需要商业战略上的帮助。很多优秀的企业在发展的中间阶段崩溃,即便起初资质优良,但在开疆拓土之时变得筋疲力尽。因此,我们真的试图让我们的公司考虑未来,考虑谁应该是首席执行官,谁应该帮助他们的营销,因为公司的所有者不能做到这一切,他不应该去做所有。

因此,我们认识到,缺乏资金是创造性公司的巨大障碍。所以我们刚刚在3周前推出了我们的第一个创意企业基金,它是我们国家的第一个,我们愿意把我们的钱来兑现我们的承诺,这是昆士兰科技大学支持创意行业的,它不只支持昆士兰科技大学的校友。这只是对一个如昆士兰科技大学这样的大学的一个重要的具有愿景的一步。我们投入了120万澳元,我们有一个梦幻般的指导委员会,他们是来自苹果、微软和澳大利亚的一些大企业家的代表。基金分两个级别,有种子基金帮助刚刚起步的人,也有一些重大基金去投有精彩创意商业想法的公司。

我们为创意公司做的另一个方面是实际帮助他们搭建关系网,我们创造了一个名为"创意3"的论坛,论坛实际上下周会有为期两天的活动让创意产业的世界领导者来谈论建立一个成功的公司需要什么。论坛第一年,我们有来自政府的代表来自资助机构的代表,但并没有真正传达我们想要的信息。所以从那以后,我们只邀请企业家。因为如果你是一个设计师,如果你是一个公司的所有者,你想让舞台上的人理解你:你抵押自己的房子,一直吃非常粗糙的食物,只是为了得到下一个想法。所以我们带来了这个领域的世界领导人,我们过去有梦幻般的梦想家——斯蒂芬·萨格梅斯特来和我们的听众谈话。斯蒂芬是一个了不起的设计师,他谈到设计的幸福不只是赚钱,而是关于发现创造力和商业的梦幻般的组合。今年我们有一些奇妙的人。其中一个是一位布里斯班绅士,创办了一家名为"我们被猎杀"的公司,这是一个在线平台,你可以在其中找到在哪里人们能听到世界上最好的音乐,什么是世界上最好的音乐,它会给音乐排名。这家公司很成功,这位绅士和他的同事在整个澳大利亚游走,试图获得资金支持,在澳大利亚没有人有兴趣资助这个创意公司。所以他们去了纽约,他们在那里被当作摇滚明星,他们的公司刚被推特公司买下。所以对于城市来说,确定城市中的人的身份是非常重要的,因为如果你不帮助他们,他们将去别的地方,那么另一个城市就将抢了功劳。所以如何要寻找那些有创意的人?打开你的门并帮助他们。

我将要运行一个项目,我们也在一个更加社会的层面上去做了,那就是我们已经与昆士兰政府合作为土著艺术家以及世界上最古老的文化社区寻找现金流。我们不是做一个恰好有着漂亮结果的奇特项目,而是我们决定与时尚学校合作,用土著艺术家的作品来创建一个当代的时尚系列。为此，我们招募了5名时尚学校的年轻毕业生，我们配给他们5位成熟的土著艺术家，所以我们创造了这个称为"同源"的项目（图3）。

图3 "同源"项目组成员

所以在左边这里，你可以看到，这是一个托雷斯·斯特劳斯岛上的艺术家。我们把这些妇女使用的发夹变成一些纺织品的印刷图样，我们做了一个重复图案，创造了织物的肌理，这是另一个艺术品。我认为一件重要的事情是，我们失去了很多技艺，我们和一些古代工匠的文化失去了联系，只因为他们没有把工艺科技化。但是你们这些观众中的年轻人，真正能帮助传承这些遗产，我认为你们都应该在你的职业生涯中为此做出努力。因此，开启了这个奇特的实验。土著艺术家从北昆士兰来，拜访有些距离最近的城镇需要一天的车程。对于许多学生来说，这是他们第一次见到一个土著人。所以这个项目真的帮助跨越了一些障碍。后来我们决定，我们认真的想把这件事变成一个真正的时尚标签，于是我们创建了自己的时尚标签,并被邀请在时装秀上展示作品。你可以想象设计师,当他们来到时装秀,他们就像摇滚明星。时装秀红地毯和为他们准备的一切。现在我们看 T 恤,接着我们创造了一本《看》,所以《看》是我们的新标签。在这个标签下,通过孵化器,我们希望把设计师和艺术家带到一起,以避免一些知识产权问题。这样做的特点是,设计师和艺术家双方都得到相等的账单,他们将获得所有服装的版税,相等的版税。当然,我们真的很为昆士兰政府高兴,因为它有一些伟大的成果,这是新闻界很喜欢的。

最后,我会引用一句话来结束演讲,这句话是我来之前刚发现的。我不得不去医院访问某人,这是由纳尔逊·曼德拉说的:"它总是似乎不可能,直到它完成。"使全球城市宜居,我们已经听说过那么多的挑战,但作为同一个宇宙,我认为我们可以做很多,我们没有理由认为这是不可能的。只是记住,你似乎感到它不可能,直到你将它完成。

从伦敦视角透视如何打造全球时尚之都

How to Succeed as a Global Fashion Capital: The London Perspective

◎ 安德鲁·塔克
Andrew Tucker

演讲人简介

安德鲁·塔克在职业生涯中担任两个角色,他是伦敦时装学院时尚新闻学 MA 的学科带头人,同时也是自由记者以及室内装饰行业和时尚行业的专业顾问。

他写作的作品广泛刊载于各类消费者刊物和商业刊物。1994—1998 年期间,安德鲁在商业周刊 *Drapers*(《服饰商》)担任时尚编辑。自那时起,他开始为各类刊物撰稿,这些刊物包括《时代》《星期天邮报》的 *You* 杂志、《观察家报》《嘉人》、*Numero* 杂志等。现在,他是时尚杂志 *Fantastic Man*、*The Gentlewoman* 以及时尚网站 Style.com 的特约编辑。

安德鲁写作出版的书籍包括《伦敦时尚书》(*London Fashion Book*)(泰晤士 & 哈德逊出版社 1998 年出版)、先锋系列之一《德赖斯·范诺顿》(*Dries van Noten*)(泰晤士 & 哈德逊出版社 1999 年出版)以及《时尚:速成课程》(西蒙 & 舒斯特出版社 2000 年出版)。同时,他还为詹姆乐·雷沃(James Laver)的拓荒之作《服饰与时尚》撰写最新版公告,该书是泰晤士 & 哈德逊出版社"艺术世界"系列的一部分,于 2001 年出版发行。除了涉足时尚出版领域,过去 7 年,安德鲁·塔克还身兼《Mix 色彩趋势报告》(Mix Trends)的创意总监一职,该杂志为室内装饰行业提供前沿的色彩预测。

Andrew Tucker splits his working career equally between his part time role as Course Leader for the MA Fashion Journalism at the London College of Fashion and as a freelance journalist and consultant working across the interiors and fashion industries.

His work has appeared in a broad range of consumer and business publications. From 1994-1998 he was fashion editor on the weekly business publication *Drapers* and has since gone on to write for such diverse publications such as *The Times, You Magazine for the Mail on Sunday, The Observer, Marie Claire, Numero and COS Magazine*, to name but a few. He is currently contributing editor on *Fantastic Man*, *The Gentlewoman* and for *Style.com*.

He is the author of *The London Fashion Book* (Thames and Hudson September, 1998) *Dries van Noten*, (Thames and Hudson, 1999) as part of the Cutting Edge series and *Fashion: A Crash Course* published (Simon & Schuster, 2000). He also has contributed to the update of James Laver's seminal textbook, *Costume and Fashion*, published as part of the *World of Art* series at Thames & Hudson (pub 2001). Beyond the realms of fashion publications, for the past seven years he has been the creative director of *Mix Trends*, one of the leading prediction packages aimed at the interiors industry.

在我眼中，上海是一个很棒的城市。在此我想和大家分享一下，我作为一名伦敦的新闻工作者是如何看待伦敦的时尚之都地位的，并尝试从伦敦的视角透视如何将上海打造成全球时尚之都。

很多人都问我为什么伦敦能够成为时尚之都。首先，伦敦是欧洲的核心城市之一，与世界其他城市相比，它最大的特点就是多元化（图1）。唯一与之相媲美的另一个城市是纽约。42%在伦敦出生或生活的人都不是英国人。伦敦同时通行着300多种语言，所以不论你是来自孟加拉国或是保加利亚，打999说"救命！我的房子着火了！"总有人能听懂并前来灭火。

图1　伦敦的多元化人口构成

著名历史学家詹森博士曾说过，"伦敦的潮流就是全球生活的潮流"，这句话经常被伦敦的时尚界所引用。我住在伦敦西区，而我穿过三条街道就会进入一个完全不同的文化环境之中。所以,我拍了一些伦敦的照片并把它们放在一起,这里有非常棒的歌手,有英国女王,有非常大的唐人街。就在伦敦的市中心,也有非常大的中东人集聚区,特别是在第九桥左右的地方,有伦敦大桥,有爱德华路。同时还有大量的印度、巴基斯坦、孟加拉国等亚洲人口和非洲人口,而从1970年开始还有大量东欧人涌入伦敦。举个例子,有100万波兰人住在英国。在我所住的伦敦西区,有很多波兰人、瑞典人、爱尔兰人、叙利亚人和巴基斯坦人,可以看到照片上所展现出的伦敦就像是一个全球村,这是我在伦敦所获得的丰富文化体验,同时,这个特征也使伦敦的城市文化更为丰富。

来到伦敦的移民数量巨大,充满多样性,从而产生了非常多元化的时尚文化遗产。例如下图中的花朵(图2),由一种丝绸制成,是20世纪80年代初由来自欧洲的受迫害者们制造的。众所周知,英国是朋克诞生的地方,伦敦也有像澳大利亚著名演员巴瑞·哈姆弗莱斯(Barry Humphries)这样的优秀艺术家,他就是早期移居伦敦的,他的穿衣风格在当时十分具有标志性。伦敦的音乐也非常多元化,我们有锐舞文化,如果你在20世纪90年代早期认识我,我看上去会很不一样。20世纪60年代也有一波非常庞大的时尚潮流。所以我们的文化时尚遗产非常丰富,并且我们认为,真正丰富的是人们可以感受到的伦敦时尚文化的体验,这也使得伦敦的时尚竞争力得以提高。同时,我们拥有全欧洲最棒的零售业,伦敦的零售确实是独树一帜。我觉得可以与纽约比肩,纽约和伦敦的零售业在技术与结构上有很多相似之处,零售街道以及整个网络非常发达。

图2 丝绸制成的花

我觉得伦敦最有趣的地方是拥有全英最多极化的时尚产业。人们知道伦敦有大型百货公司，像哈罗德之类的百货公司；但如果你是年轻人，钱也不多，我们也有普通的大众市场。伦敦是一个非常好的时尚展示地和采购地，在这里，所有人都可以接触到不同层次的时尚。我认为英国跟中国及欧洲大部分地区最大的不同在于，我们有非常强大的复古文化，也喜欢进行二手服装交易。我在伦敦也教授中古及二手服饰文化。大概过了两年，我的中国学生才渐渐开始习惯穿二手衣服。这可能是一个文化上的差异，中国人不太喜欢穿二手的衣服，当有人告诉他这是一个已经过世的人穿过的，他可能会觉得不舒服。但在伦敦，我们并不在乎。

因为二手文化非常发达，我们可以从任何地方买衣服。我想，如果你去纽约、伦敦或者巴黎的古董店，会看到很多来自设计团队的买手，比如杜嘉班纳（D&G）、普拉达（Prada）、卡尔文·克莱恩（Calvin Klein）等，他们会把这些古董衣服当作样品采购回去进行复制。所以我认为，二手文化在英国文化中具有极为重要的地位，甚至可与高奢市场和轻奢市场相比肩。

刚才谈到在市场当中有各种各样的分类，例如：英国的传统品牌博柏利（Burberry）在亚洲取得了巨大成功，2014年的营业额度高达23亿英镑；也有像普里马克（Primark）这样的快消品牌。普里马克因为很多成衣制造工厂状况不佳，加上2013年孟加拉工厂的一些负面影响，在英国甚至濒临倒闭。但从另一方面来讲，如果你收入不高，通过这样的品牌你可以接触到你从前接触不到的时尚层次，这个品牌的设计还是很不错的。所以，我们有可以通用的、广泛的时尚，这在欧洲乃至整个世界都别具一格。

对时尚城市来说，另一个至关重要的部分是必须要有发达的时尚媒体。我以前也从事过媒体行业，明白并不是大型的杂志就等于好的杂志。显然，像《时尚》（*Vogue*）、《美丽佳人》（*Marie Claire*）、《她》（*ELLE*）、

《时尚》(Cosmopolitan)等(图3),这些传统的大时尚杂志非常重要;但除了这些大型时尚杂志之外,需要有更多的自由媒体来报道那些更有创意、更具新意和有趣的东西推动时尚的发展。因为在一本优秀的时尚杂志当中会产生很多创意,我们要让读者通过这些杂志披露的信息关注到时尚产业的动向、拓展。这些杂志通常依靠广告而生存,对于在米兰、纽约、伦敦和巴黎的无名时尚设计师而言,你可能是继亚历山大·麦奎因(Alexandra McQueen)、雪莉·福克斯(Shelly Fox)之后最有才华的设计师,但如果没有足够的资本在大型时尚杂志上发广告,这些杂志就不会发表你设计的衣服或刊登你品牌的文章,因为它们需要大量的传统广告来维持运营。如果有其他杂志的助推,无名设计师崭露头角的机会就会更多一些,如果没有这些起点,他们以后不可能成为大家。除了大型杂志以外的媒体有更大的自由空间来凸显创意,所以成为时尚之都要有时尚的媒体、媒介是非常重要的。尤其是非常独立的、第三方的、客观的杂志,包括DAYS,WONDERLAND等,这些杂志他们在寻求未来的时尚中承担着风险的同时,也对城市时尚文化起到了非常重要的作用。

图3　一些时尚杂志

另一方面，英国在时尚教育方面也做得很好。图4中这个看起来可能不太显眼的大楼是我的大学所在地，一个我能在楼顶上偷偷抽烟的地方。英国三大优秀艺术院校中，中央圣马丁学院的艺术与设计学院是最负盛名的。如果想成为时尚之都，教育不可或缺，英国的时尚教育集中在伦敦。此外，英国还有一个毕业生时装周，这个较小型的时装周主要涉及学生作品。这个时装周也很重要，在英国的时装毕业生中，不仅伦敦本地的学生会参加，而且全英国的学生都会参加这个时装周的竞赛，以了解时尚之都伦敦的走向。对产业而言，通过这个比赛，可以找到人才，同时这些人才也可以在之前提到的那些非传统媒体杂志上露脸，增加曝光度。所以我们为能够在英国享有如此深厚的时尚教育基础深感荣幸。

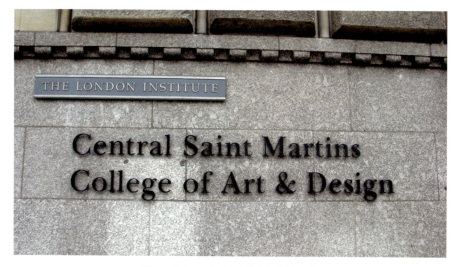

图4　中央圣马丁学院艺术与设计学院

我在过去近20年间长期担任了英国时尚委员会的顾问，这意味着我参加了40次伦敦时装周。1994年，我就开始参与这个项目，当时它还没有成为有影响力的时装周，只有14场秀。2014年的伦敦时装周刚在9月落下帷幕，我们一共有81场走秀活动，规模比肩纽约时装周和米兰时装周。我觉得很棒！这样的规模我们也能继续保持。这很有意思，我们来看看伦敦时装周是如何发展壮大到今天这样的。从一个不起眼的小时装周到吸引了全球的目光，伦敦时装周展示了实力。在这个时装周当中，我们吸引了全球的目光，我想来阐述一下这样一个时装周是如何形成的。下面我们看看怎样通过伦敦时尚周共同解读一下刚才谈到的作为时尚周的几个要点。

伦敦时装周得益于深厚的教育体系，包括时尚媒体，营造了这样一种时尚文化。英国有大型的时尚媒体，良好的零售业和多元文化，这些都是我们成为时尚之都的原因。这些原因充分保证了伦敦时装周的成长。

1983年伦敦时装周正式成立，和1886年就开始的巴黎时装周相比，后者历史久远，而我们则非常年轻。我们向其他的一些时尚之都进行了学习和借鉴。由于英国经济的关系，伦敦时装周共产生了2.6亿英镑，这是直接的销售情况；然而到10亿的差距依然很遥远，所以这也是我们长期努力的目标之一。1983年第一届伦敦时装周就吸引了来自25个国家的参会者。在过去这20年间，伦敦逐渐巩固了其作为世界时尚之都的实力，也采取了一系列具体的举措来支持设计师。有一个名为Newgen的活动，是Topshop赞助的，它做高端时尚零售，在世界各地都有商店。我们通过与这些零售商进行合作，来助推新一代设计师的成长。我们请了一共有15到20位年轻设计师到Newgen，这些参加的人员中包含毕业生，我们试图挑选最好的年轻设计师并赞助他们3—4个赛季，使他们与一些影响力很大的设计师同台竞技，现在这个项目已经非常成熟了。设计师可以通过Newgen这个项目获得融资，而声誉对一些新兴的、新一代的设计师而言要远远超过他的经济收入，现在已经有类似这样的设计师基金或其他的一些机构等。因为他们可以走出去，以获得更多赞助商的份额。我也和米兰的史蒂文·詹姆斯合作，一起组织了协助人们建立业务的时尚中心。

例如，这里有三个通过 Newgen 崭露头角的设计师。西蒙娜·罗莎（Simone Rocha）是个非常有意思的年轻设计师，她有一半中国血统一半爱尔兰血统，她说在她生命当中还从来没有遇到过另一个一半爱尔兰血统一半中国血统的人，这样的人会很有趣。另外，克里斯托弗·凯恩（Christopher Kane），也是古驰集团旗下品牌的一个设计师。她和另一位设计师 J.W. 安德森（J. W. Anderson）一起，目前与 LVMH 的 Parlian 合作，并在巴黎进行展出。这些都是新一代的设计师，他们都是毕业生，但是他们确实通过时装周或者通过 Newgne 这个项目，获得了同台上台的机会。每年我们会与 10—11 位设计师合作，也并不是所有人都会成功，实际上只有一部分能走上更高的舞台，但这样使伦敦的时尚业更具有可持续性。如果没有这样的气氛，没有整个产业链的上下衔接，时装周或者时尚之都这个话题将无从谈起。

在过去 10 年间，英国时尚委员会有五大支柱，也是委员会认为推动英国时装周发展的五个重要部分：一是业务，二是教育，三是数字化，四是投资，五是声誉。刚才谈到教育，在伦敦有很好的时尚教育文化，各个学校都有相关专业，学生们可以得到最好的建议。另外，数字化也是非常重要的一环。有趣的是，谈到数字化，谈到全球化的行业，就要涉及全球的行业，包括一些才华横溢的设计师，比如说是在上海工作，但是通过一些数字化的技术可以和英国同行沟通。我认为时尚行业已经在大量使用数字化工具和电子商务媒介了，这让每座城市成为时尚之都成为可能。在英国，对数字化不是那么敏感，接受度也不高。有了互联网、有了数字化，我相信英国伦敦可以吸引更多世界其他地区才华横溢的艺术家，来参与到伦敦的时尚行业。

另外，数字化也给我们带来价格方面的削减，包括 google。在过去 10 年间，年轻的设计师们拥有了一些线上的店铺，以电子商务的方式进行销售。在英国，17% 的时装都是通过网络形式来销售的。通过行业转型这一点可以看到数字化给我们带来的影响，而且数字化也确实是伦敦时装周成功的五大基石之一。

　　是什么让伦敦成为如此炙手可热的时尚之都呢？人们已经普遍认识到伦敦是一个非常成功的时尚之都，这对我们而言是件好事，因为一旦获得了如此高的地位，我们就更容易在这个行业里面百尺竿头，更进一步。整个时装周现在已经差不多有 15 年的运行时间了，我们需要坚持这个活动，以保障它的可持续性。

　　伦敦也是一个比较容易解决生意的地方，有很多的零售门店想在伦敦建立产业或者基地。比如，我忽然想成为一个时尚设计师，下个星期想在伦敦开一家自己的门店，我只需要准备少量的文书，走过简短的程序，就可以设立这样一家公司。同时，伦敦也是欧洲的文化创意及零售中心。我在想跟其他的亚洲城市相比，为什么上海有这么大的潜力可以最终成为一个极具吸引力的时尚之都呢？最为关键的一点就在于中国最好的零售业在上海。如果人们去伦敦，他们是因为想看时尚秀才来的。买手和媒体想要看我们如何制造、如何销售时装，我们的设计店是什么样的。这也是很多时尚追随者都蜂拥去伦敦的原因。其实这在上海也是一样的，上海有很多媒体，这些都是非常好的展示平台和大环境。这是很多国际买手和媒体组织也愿意来到上海的原因。我这周就看到很多品牌旗舰店。伦敦是座古老的城市，所以门店都很小，就一个房间那么大。可 Louis Viton 在上海的门店非常大，这对我们来说简直梦寐以求。

　　另外一点是凝聚力。时尚界的人士获得了资金上的支持，同时政府、金融界的人士都能够理解时尚设计师的需求。因此在这个城市非常容易感受到全球化或者国际化，之前也履行了奥运会东道主一职。作为一个非常小的岛国，毋庸置疑，我们的新闻界具有极其广阔的国际视野。同时我们的媒体也对时装周进行了充分地点评，他们的判断使我们能够不断成长。20年之前的今天，时装周仅有短短两天的时间，而现在其规模已经超过了一周，时装周的成长人们有目共睹。

当然，这也有缺点。如果你是个无名的设计师，没有钱在大型的时尚杂志上做广告，不论是在米兰还是在巴黎、伦敦、上海，都是一样异常艰难。所以我们需要有人来赞助、支持这个产业，或者说有人来指导，指导设计师渡过危险期。而如果是将起步的、才毕业1—2年的设计师，则会受到很多人的欢迎，马上就成为媒体的宠儿，这当然非常好；但3年后，你会发现身后早已出现了无数个与3年前的你一样的后生，他们也是刚刚从时尚学院毕业，正走上你来时之路。所以在这种情况下，必须有一个生态圈来支持，使不同发展阶段的人都可以获益。一些设计师的成长有些不幸，我深表同情。但我认为，时尚是一种商品，不是慈善事业，这是任何商业的主流形态。

同时，我在20世纪90年代早期刚成为一个记者的时候就发现，英国在制造业方面其实一直存在一些问题——我们艺术性的服装制造厂商非常少。这就导致年轻设计师如果想要制作衣服并以接受的价格做成零售，会很难找到周边就近的制造厂家。所以现在他们希望英国能够向东欧学习，或者向中国学习，以更好地进行时尚服装的制造。相较之下，上海的年轻设计师就比较幸运了，因为中国的制造业已经非常发达了，我们今天全身上下穿的大部分都是中国制造的衣服。所以这意味着这些设计师有巨大的潜力，他们可以充分利用制造业所带来的机会。而这对伦敦设计师、对整个英国的设计师来说则是很痛苦的一件事。伦敦是一个工作起来成本非常高的城市，做展会、访谈、酒店都非常昂贵。

时尚产业在欧洲接下来的发展趋势，巴黎将优于伦敦。假如买家或团队想采购，不管是日本人、俄罗斯人、中国人还是中东人，他们可以去米兰、纽约或者伦敦。但如果他们不喜欢到处跑，他们就会直接跑去巴黎，在那里什么样的时装都可以买到。从这一点来说，伦敦是趋于弱势的，因为在全球的四大时装周里，伦敦时装周是规模最小的。

与此同时，伦敦更多体现的是创新力。如果从大量制造上来讲，我们相对而言还是比较便宜的。我们为大众市场提供最便宜的高端时装，我们拥有Burberry等大量传统品牌，同时我们也有非常好的时尚设计学校，但是我们并没有超10亿美元的大型品牌存在。有些人可能觉得巴黎、纽约抢走了他们的大型品牌设计师，简直就像绑架一样。但是我也理解他们，如果你是一个设计师，当然想成功，当然会跑去更大的舞台。而我们则是更年轻、更时尚，或者说是预备役的产生地。

那上海应该做些什么工作来提高自己的时尚能力呢？首先，由于我在东京工作过，在欧洲和俄罗斯也都做过时尚周，明白很重要的一点，是要能够吸引国际媒体和国际买家，同时还要有非常好的编辑能力。这是什么意思呢？如果你在筹备一个时装周，你需要找寻所有的优秀设计师，而不光是考虑去请可以买得起你展位的那种最有钱的设计师。我们在做伦敦时装周策划的时候，就会把这类设计师集中在一组，这就意味着，如果是海外的时尚杂志，或者说大型国际媒体来了，大部分都能够在一到两天之内就见到这些大牌设计师。这是他们最想要的，这就是时尚界。大家也并不因此以为我们忽视了商业能力较低的品牌，我们会在时装周的早期或者后期来展示。

我觉得很重要的一点是要把这些大牌放在一起，作为一个时装周的组织者，要很好地编排这些活动，使你的时装周独具个性。我们必须要真正地理解时装周，毕竟对时尚之都来说，伦敦是最小的一个，而作为一个亚洲城市，谁可以冠以最佳时尚之都，上海显然有最大的机会和最好的零售网络，同时也具有非常多元化的人口构成。所以我期待上海的时尚周将来能够有长足地发展。

眼下，我们需要合作。我曾经想做一些研究，我向一些中国朋友请教最有潜力的年轻设计师来自哪里？他们说来自淘宝。作为西方的消费者,我不太熟悉淘宝,但我知道如果可以和淘宝这样的平台进行合作是非常好的机会,因为他们既有在线策略,又是多角度的平台。

ELLE 上海强烈推荐我们英国时装周委员会,我们举办了一个比赛,聚集了很多年轻设计师。ELLE 上海从一开始就与年轻设计师一起合作,也非常支持这些年轻设计师。是有才华的年轻人创造出更多创新,赞助商也会通过推广杂志来证明他们在零售业中的良好表现。这对上海的时尚产业发展起到良好的促进作用。

接下来要进行的是有效沟通。你们看过各大时装周的网站吗?据我调查,不光是上海存在一定问题,可以说大部分非英语的时装周网站都存在负面的评价,网站的运行和展示不够到位,英文翻译也不妥当。我希望大家不要反感,时装周的组织确实非常复杂。但是我们应该去听一听外界的意见,因为你的时装周给别人看到的第一步就是网站这一渠道。如果点开了你的时装周网站,英文不对,他看不懂,图片也乱七八糟,就会觉得这是垃圾网站,肯定没有耐心往下看。这就很悲剧了,很多优秀的、有价值的东西就没有办法被推广出去。所以大家需要最大化地填充数字化技术上的缺陷,增强社交媒体的展示能力。

最后一点是大家需要接受设计风险。我在不同的城市工作过,碰到很多人问"我们怎么才能够形成自己的时尚个性呢?"我曾经在俄罗斯工作过,当时我们想要做成一个俄罗斯的时尚风格,我也听到中国的记者们说我们要有一个中国时尚风格。这个问题很难回答,因为时尚现在已经全球化了,我们可以看到到处都有各种不同的风格;也可以看到新天地有很多女孩穿着类似的衣服,而这些衣服可能在莫斯科、纽约、伦敦也能看到。有时候设计跟文化不应该联系得过于紧密,但另一方面大家又应该去想,个性是让你与众不同的东西。所以关于这个问题我也没有答案。特别是对于西方人来说,我们并不是非常了解中国的个性时尚文化。如果我问一个非时尚圈内的人士怎么看待中国文化,他们也说不出来,因为中国文化太博大精深了。所以一方面要找到上海的时尚个性及中国的时尚个性,另一方面也要去考虑一些国际化的因素。要让它带一点个性,但是不要太艰涩难懂。

在这样适应全球化的环境下实行时尚教育和零售,我们需要承担风险(图5)的勇气。我们在伦敦所做的很多时尚教育工作,就是让年轻的设计师理解时尚是商品非慈善,你的衣服做出来必须要能够卖掉。有的时候我们看到一些时尚先锋过头了,设计师们知道要创新,但是他们不理解除了创新,他们还需要有商业化的能力。如果过于偏向创新,而远离了大众的审美品位,偏离时尚原本的商业轨道,这样并不好。所以我

图5　承担设计风险

也看到有很多北京和上海的年轻设计师，他们非常聪明地同时走两条设计路线，一类时装是先锋的，另一类时装则是商业化的。这样一来就保持了商业与创新的平衡。

希望在上海这座有趣的城市，时尚产业能走得越来越稳，越来越远！

时尚的上海，创新的上海

Fashion in Shanghai, Innovation in Shanghai

◎ 朱晓明
Zhu Xiaoming

演讲人简介

朱晓明博士,时任中欧国际工商学院院长、教授;享受国务院特殊津贴的专家;上海交通大学经济与管理学院兼职教授、博士生导师;上海财经大学兼职教授、博士生导师;上海外国语大学兼职教授;国际管理学会(IAM)会员。朱晓明1995年获上海市科技进步二等奖,2004年获上海市决策咨询研究成果一等奖,2008年获国际管理学会(IAM)"杰出成就奖"。朱晓明任上海数字化与互联网金融研究中心主任,曾任中国工业与应用数学学会副理事长,上海市国际商务专业高级技术评审委员会主任。朱晓明曾出版《上海市外经贸丛书》《经济管理数学模型案例教程》《中国服务外包发展报告(2007、2008、2009、2010—2011)》《中国对外投资合作发展报告(2010)》《平台,赢在服务》《中国第三方电子支付发展报告》《支付革命》等多种经济学与科技领域的著作。

Dr. Zhu Xiaoming was President and Professor of Management at CEIBS. As an expert enjoying the State Council's special subsidy, he is also adjunct professor and Ph.D. supervisor at College of Economics and Management in Shanghai Jiao Tong University, adjunct professor and Ph.D. supervisor in Shanghai University of Finance and Economics, and adjunct professor in Shanghai International Studies University. The major honors awarded to Dr. Zhu include the 2nd Prize for "Science and Technology Advancement in Shanghai" in 1995, the 1st Prize for "Shanghai Policy-making Consultation" in 2004 and Distinguished Award of the International Academy of Management in 2008. Dr. Zhu is Director of Shanghai Research Institute of Digitalization and Internet Finance. He also assumed the positions of Vice Chairman of the China Society of Industrial and Applied Mathematics, and Director of the Shanghai Evaluation Committee of International Business Professionals. Dr. Zhu has published plenty of research works on economics and technology, among which are *the Shanghai Foreign Trade and Economic Cooperation series, the Mathematical Model Study of Economic and Management Cases, the Report on China's Outsourcing Development (2007-2011), the 2010 Report on Development of China's Outward Investment and Economic Cooperation, Platform as a Service,* and *Report on China' Third Party E-payment Sector, E-payment Revolution.*

我出生在上海，就在静安区繁华的南京路长大。我自己目睹了上海这个城市60年的变迁。今天作为国际商业学院的教授，作为中欧商学院的教授，我想跟大家分享一下我对上海的感受。上海是一个时尚中心，也是一个创新中心，这也是我今天要跟大家分享的主题。

过去我眼中的时尚是什么呢？在我们的眼中过去上海有手表、食品、建筑物，等等。我会讲一下与我自己有关的事情。在整整30年前我是针织二十厂的厂长，这是一家上海最时尚的针织服装厂，拿到全国第一块T恤衫的奖。同时也建立了上海最早的三支服装表演队队伍之一。在出口上我们是全市第一，同时也是全国运动服排名第一的。就在1984年，当时时尚刚刚醒过来，在上海有一部电影叫《街上流行红裙子》，那个时候拍的电影在制作上还是比较简陋的。

那个时候穿一条红裙子够时尚。猜猜这个演员是谁？赵矜！所以电影拍好以后，赵矜和贺晓舒一起拜访针织二十厂。

1982年我当了纺织局的副局长，组织过第一届的上海国际服装节，我曾经接待过很多来自时尚界的人。我曾经担任过上海2000年世博会的申博领导小组上海秘书长，我曾经请过张艺谋拍了申博的片子，我们把《金舞银饰》带到巴黎，很成功！这台戏吸引了巴黎，也就是全球的时尚之都。

10多年前，我和香港贸发局的总裁一起，为沪港10名时尚人士颁发了他们的奖状，表扬了他们为香港和上海所做出的时尚贡献。其中有陈逸飞、孔祥东、陈丹燕等。

谈谈我现在眼中的时尚是什么？我认为时尚是上海的品格，上海的饮食、建筑、服装、娱乐都是时尚的，驾车也是时尚的。伦敦市长，他们访问中国一定会到中欧工商管理学院作一次演讲。我接待她的时候请她吃甜点，那次有一道马海龙，她很好奇地问我："你们现在也吃马海龙？"我说大概已经好几年了。那是上海的饮食时尚，上海什么都是时尚的，只要上海人做，那就是最精致的。

下面要给大家对比一下伦敦、纽约、巴黎，这些经济大都市一定都是有文化地标的。伦敦就是西区，巴黎就是百脑汇。上海的CBD1.0版就是外滩，2.0版是陆家嘴，3.0版就是未来的前滩。上海不同于香港，我们的文化地标其实是非常多的。

对上海来说挑战很多，有法律法规、资本、人才的挑战，另外的挑战在综合性、创新型的人才，以及原创的品牌才是我们很重要的挑战。刚刚安德鲁·塔克说，你们应当注意，有一些批评是对的。我们有的时候作的演讲只有中文，没有英文。可是我今天给你们看到的版本，一半是中文，一半是英文，这就是国际化，这就是时尚。

还有我们认为上海的挑战在于如何将两头在内、一头在外作为创新驱动成为一个时尚中心的构想。作为一个时尚之都，我认为上海至少有四种模式值得探索。第一就是原创品牌的集聚地，第二是创意与市集的模式，第三高级定制的模式，第四是设计概念店的模式。

这里做了一个幻灯片，里面是黄西。黄西在美国是非常有名的脱口秀主持人，他在中央电视台财经频道有一个栏目，叫《是真的吗？》，我加了一段，3D打印个性化的时尚产品是真的吗？其实那确实是真的。

未来我眼中的时尚是什么呢？大约在几个月前上海举行了2030年和2040年的战略目标研讨会，我作了一个主题演讲，这个主题演讲叫《上海下一个目标走向创新中心》，第二天《解放日报》的头版头条就是这个，上面引用了我的一系列观点。我认为时尚的创新在某种意义上有它的交集,数学上是一个交集。最具竞争力的国际大都市就像纽约、巴黎、伦敦等,上海大有走向全球创新之势。上海的国际金融中心、贸易中心、航运中心、经济中心都是产业中心。是不是在这"四个中心"上有更高的境界和更多的想象力呢?我认为应当把目光投向创新中心。

纽约就是一个产业中心,可是现在逐渐成了创新中心、时尚之都。伦敦成了创新中心和创意之都。有一个资料表明2012年奥运会在伦敦举行,那一年伦敦历史上第一次文化创意产业的产值超过了金融业。所以作为一个高等学校,我们应当培养什么样的人才呢?我想在中国最高等的学府应属清华、北大、复旦、交大,进这些学校的学生是最优秀的。商学院最好的应是中欧国际工商学院。

国家的区别已经不再是发展中和发达国家的区别,而应该是HIE和LIE的区别了。说这话的这个人是谁?就是写《世界是平的》的作者弗雷得曼,他说互联网的最大作用就是推平这个世界。2014年中央电视台做互联网时代电视纪录片的时候,采访了他,他讲的话非常值得我们深思。

也就是说虽然在第一次工业革命和第二次工业革命时期,领衔的是发达国家。可是第三次工业革命来到今天这里的时候,我们和发达国家是站在同一起跑线上,我们所从事的事业完全可以实现高创想型,服装跟音乐一样也可以追求时尚。哪一种音乐更符合我们的创想型呢?

今天我们所作的演讲,安德鲁·塔克的观点我非常赞成。时尚到底跟什么联结在一起?这个时尚是不是跟数字化文明连在一起,是不是跟互联网技术联系在一起了?我们的服装应当这样设计吗?我们建筑的数字化是不是应当用这种工具?答案是肯定的。

这就是中欧国际工商学院(图1),刚刚建成的新学院,是由PCF设计事务所设计的。在巴黎也有一家PCF设计事务所。中欧国际工商学院是一个国际化的学校,我们的MBA40%是外国人,我的演讲应该有个结论了。

图 1 　中欧国际工商学院

我想习近平主席所讲的创新驱动是大势所趋，应该是我们共同的认识，所以回到我刚刚演讲的主题，你们可以看到一个高等学校，一个商学院，完全可以用时尚的办法去解决教育问题。我 2013 年一年做了 50 份主题演讲的教材和讲义。2014 年 1—9 月又做了 50 份。我今天应该全部带来的，给你们看一下，每一份教材的封面都是不一样的，就像今天也是一份新的。我现在重点讲的是互联网金融、数字金融，可是这一份数字化教学已经给全世界的 5 000 名校长上过课了。这是中欧佳士得合作艺术课程，我是课程主任。这是给大家看的上海下一个目标——创新中心，我最得意的是，我为很多的银行保险公司上过数字金融这门课，我的得分一直是很高的。

公共精神:人们如何参与南岸中心

Public Spirit: How People Get Involved at Southbank Centre

◎ 裘德·凯利
Jude Kelly

演讲人简介

裘德·凯利,英国南岸中心艺术总监。2006 年,裘德·凯利被任命为英国最大的艺术机构南岸中心的艺术总监。

她创立了索伦特人民剧院和巴特西艺术中心,还曾身兼西约克郡剧院的创会理事。1997 年,凯利因其对剧院的贡献而荣授大英帝国勋章。从皇家莎士比亚剧团到巴黎的沙特雷剧院,她已执导了 100 多部作品。

2002 年,凯利创建了 Metal,Metal 提供了一个平台,在共享环境中可以捕捉到艺术灵感。Metal 在利物浦、滨海绍森德和彼得伯勒都均设有分部。

凯利是伦敦文化战略小组的会员,她曾是"文化奥林匹亚"活动的踊跃分子。该活动负责架构不断发展中的展现 2012 伦敦奥运会和残奥会创造性、文化和教育等的方方面面。

2011 年,凯利又创办了 WOW——世界妇女节,现在这个节日在南岸中心以及英国的其他地方,乃至世界上其他国家已举办了七届。

Jude Kelly was appointed Artistic Director of Southbank Centre, Britain's largest cultural institution, in 2006.

She founded Solent People's Theatre and Battersea Arts Centre, and was the founding director of the West Yorkshire Playhouse. In 1997, she was awarded an OBE for her services to theatre. She has directed over 100 productions from the Royal Shakespeare Company to the Châtalet in Paris.

In 2002 Jude founded Metal, which provides a platform where artistic hunches can be pursued in community contexts, with bases in Liverpool, Southend-On-Sea and Peterborough.

Jude is a member of the London Cultural Strategy Group, and was part of the Cultural Olympiad which was responsible for the ongoing framework for delivering the creative, cultural and educational aspects of London's Olympic and Paralympic Games in 2012.

She created the WOW — Women of the World Festival in 2011, and it is now in its 7th year at Southbank Centre as well as taking place in other parts of the UK and in other countries all over the world.

上海是一个很棒的城市，我上一次来是四年之前，这次已经是我第九次到访了。然而每一次来，都会发现这个城市有新的变化、新的元素、新的想法、新的无限可能性。上海是一个一直在思考未来的城市，其实这一切都和时尚息息相关。谈到时尚大家可能都考虑到是一个潮流，是现代的事情。但追根溯源，时尚也有个性，每一个文化都有很多有创意的、个人的表达。

人本身就是一种富于表达的动物，我们在法国、德国、整个非洲大陆考古可以发现人们怎么样做原始的标记，包括对于动物非常生动的描述和绘画。所以人有一种天生的欲望，他想要表达这是我们所生活的世界。从这个角度来说，艺术和文化的确是属于我们所有人的。我们怎么样表达人类的情感呢？我们是谁？我们在哪儿？我们对于生活的周遭有什么感觉？波兰的部落、日本的部落、非洲的部落、法国的部落，在这些部落当中他们怎么样实现自己的人生认同，创造自身的价值呢？这很重要，这是我们建立家园的一个背景。我们扪心自问，我是谁？

"我是谁"不仅是内心的追问，也是跟我们做什么、穿什么有关系，这些都是自我的表达，是个性的表达。所以在我们讲时尚之前，我们先要承认人们对个性的需求是一种强有力的需求，而且必须得到尊重。如果我们不尊重这种个性的表达，时尚就不可能成功。我们看有一部分文明，这些文化是不让你在自己的服装上进行自我表达的，每个人都得穿一样的衣服，每个人的头发都要剪成一样，我觉得这样做是剥夺了表达人权、表达自我的权利。

我们再来看看一个"二战"时期的事件。当时德国在波兰建立了集中营之后,他们缺乏食品、缺乏药物等很多东西。女性拿出了卫生巾,当然她们一方面月经的时候需要用这些卫生巾,但是更有意思的是,她们把卫生巾放在衣服下,当成肩垫来用,因为她们想表达"我是人类,我属于这个世界"。这让我备受触动,因为这些人就把卫生巾这样一个非常实用的东西当成肩垫,说明她们非常尊重人类的个性,把自己看成人类对他们来说非常重要。

我去过世界上很多地方。在印度,我见过女人徒手打开岩石,把岩石戴在头上,身披一袭绿色的莎丽穿过田野,美不胜收。在非洲,我看到有一些人生活困苦,在田地里辛勤劳作,但穿着依然是极为美观的。他们是怎么做到的?我不知道。可他们为什么这么做呢?我知道。他们通过这种方式来表达(图1)这就是我,这是我选择的款式、我选择的颜色。尽管时尚被很多人认为是不值得一提的、不重要的东西。有人说时尚是一个产业,但是实际上是关于人的基本欲望。我现在生活在这个世界上,我想要这样子生活,这种需求是人必须要得到尊重的一种需求。

图1 艺术的表达

从这个角度上，我对于时尚的看法和对于当代艺术的看法是一样的。人类必须创造艺术，人类必须决定自己穿什么，看上去什么样。而关于时尚和文化有一个很有趣的问题，它是属于谁的？它是个体的表达，是属于个人，还是属于整个人类？是不是所有人都觉得时尚、文化和艺术是属于自己的？我想作为文化和艺术来讲，也许不是的，有些人觉得这种文化不属于我。但是你有一些珍贵的东西，比如说做了一个非常美的物件，或者说做了一件非常精美的衣服。经济以及政治的历史革命告诉我们，如果有人说这些美观的东西是属于我们的，而其他人是不需要这些美的东西的，他们不需要美、不需要艺术，这些人只要平常的东西就满足了；但是某一群人值得拥有更珍贵的东西，这群人有些就可能是特权阶层；包括普通人只能拥有普通东西的划分；这些都是非常重大的问题，是关于人类平等和权利的问题。我们是不是相信每个人都有权利获得美丽？我们是不是相信每个人都有权利得到艺术的表达呢？从这个角度看，也可以说人是不是都有权得到漂亮的材料，比如说丝绸、羊绒这样的东西。又或者这些高档、精美的东西只属于有钱的人，因为他们买得起才可以拥有。

我们再来谈谈刚才所讲的建筑，一个平常的人是不是可以拥有这样的建筑，因为这个建筑虽然不是为他们建造的，但是他们也在整个景观之内。这个跟我们所谈的时尚有什么关系呢？每个普通人是不是都有权利拥有时尚？我想这个问题与我在南岸中心所做的项目是密切相关的。我知道有很多经典的音乐会，人们通常都会穿着一些燕尾服，就像穿着19世纪的衣服去出席。而在中国,过去的100年里面没有人会穿燕尾服去，但是欧洲人一直保持这样的传统，他们直到今天去听音乐会，还会穿着燕尾服。所以看到这种文化就必须要理解，要不然你就会分心，不能享受这个音乐会。

我们做这个南岸艺术中心就是想表达美是属于每个人，而不是属于极少数人，人们可以穿着任何衣服来参加音乐会，这是一个平常人的聚会。我们旨在开发观众的自信，让普通人能够理解是他们创造了艺术，是他们创造了文化，没有阶级的划分，这样整个人类的潜能才能够得到全方位的发挥。所以在整个规模宏大的南岸中心里，我们不断举办活动来鼓励人们分享故事、分享理念。同时让他们积极参与不同形式的表达，在一个观众心里建立这种自信，可以让他们理解人类的故事，本质上就是艺术是怎么形成的是包括他们自己的故事的。

而如果是小孩子的话，他们的故事则是关于未来的故事。所以这不光是一个讲故事的地方，我觉得孩子已经是消费者了，他们承载着未来，会成为时尚的消费者，成为智能一代的消费者，同时他们会为世界做出很大的贡献。他们不会像今天一样，只是去消费世界带给他们的东西。他们会制造一个新的世界，会美化这个世界。所以我认为，很多文化的表达，包括时尚，是包括人们的学习跟参与在内的。

那如何让这样美好的东西属于我们呢？如何让来自不同年代的每一个人都可以进行友好的分享呢？在"二战"之后，出现了一段很特别的时期，当时整个西方的世界，他们都发现了战争带来的恐惧，这些恐惧是技术造成的恐惧，他们从来没有意想到以前的战争有如此大的杀伤力。因为眼下面临的不仅仅是大屠杀，还有大爆炸，包括广岛的核爆炸，这些都是非常惊人的。

人们开始寻求新的出路，从这些恐惧中便诞生了一些组织，比如说联合国，它致力于宣示人权，直到现在我们很多国家都还在思考所有这些的自由、权利和表达。在英国，也有了新的风貌，产生了英国艺术节。英国南岸成为一个新的区域，成为英国的艺术中心，充满了想象，出现了各种各样非常神奇的建筑形式。于是在"二战"后，我们再次恢复了时尚，恢复了光明，恢复了美。每天晚上，人们穿上盛装跳舞。不论是从哪里找到或者自己做的衣服，都穿上在明亮的灯光下跳舞。参与英国艺术节 50% 的艺术家都是难民，很多人甚至都不到 25 岁。他们在创造一些不是给少数人所享有，而是属于所有人的东西。当时，我们希望艺术与时尚，不仅是给一些特权阶层，而是给每一个人的，所以我们决定让这个中心免费。那一年，三分之一的英国人来了艺术节。这是若干年来的第一次，人们以普通百姓的身份参观充满现代性的展览。

  我们在想很多年之后，要怎样来定义一个普通的人呢？我们在一个现代的建筑当中想表达的最主要的信息是，这个是为你做的，你可以穿不同的衣服来演饰自己认为的时尚，你被获准允许做特别的事情。它告诉你我们这个地方就是免费的，是为你准备的，你来这里就说明你可以做特别的表达，这是鼓励自我表达的地方。所以未来这样的场所是非常重要的。现在，这里已经是全球最大的艺术中心之一了，我们一直在举办各种活动。不可能所有的活动都能一次体验完，但是让人可以了解到，我们是希望能够建立一种现代的体验，让人们来享受自己的意旨。我们利用了所有可用的空间，不仅是室内还有室外空间，有的时候我们会办一些小的展览，造了小型的人工湖让大家划船。

  这个地方人们可以享受自己，同时又有很强的参与感，我们非常重视年轻一代，注重试验。同时我们也告诉老年人，他们也有权来自我表达。因为时尚也属于老年人，年老并不意味着他们超过 60 岁就没有性冲动了。我非常期待到将来我到了 60 岁的时候也能够有这样的活力。还有和印度编舞家合作的鼓励一些行走行动不便的人移动手臂的设计，我们召集了成千的人来进行舞蹈手势的训练，同时发现他们一点一点变成了非常棒的舞蹈家，也穿上了各种相应的服装，表达他们对这个文化的理解。期间我们看到很多年轻的亚洲人，他们可能已经是第三代、第四代移民了，他们过去很喜欢穿西方的衣服，但是现在他们也开始喜欢穿自己民族的服装，这是不同类型的文化组合。

  我们不断给年轻人举办培训的活动，鼓励年轻人参与艺术。曾经有一个展览，参与者是监狱当中的犯人，而且都是女性犯人，她们也策划了一个艺术展，并且就在监狱当中举行。平时她们按照规定吃同样的食物，穿同样的衣服，行动也受到很多限制，但是如果能够让她们来创造艺术的话，她们就获得了表达不同的机会，因为每一件艺术作品都是不同的。她们所做的每一件艺术作品，都是她们在试图表达自己与众不同的心声。

几年以前有人带我去看伦敦时装周，事实上我是帮一个电视台来做审核的，之前从没去过时装周。你可能会问是不是因为没人邀请我，其实不是的。我一直觉得那会是业务交换、进行贸易的氛围，但是当我真的去了才发现，那是一个聚会，大家花费大量的财力和物力，视野非常广阔。但是公众并不知道他们到底在干什么，公众只是看到了杂志上的照片，这是香奈儿的照片，那是普拉达的照片，却抓不住那种感觉，无法明白这些东西到底有什么用。

所以我们在南岸中心（图2）邀请了很多的设计团队，就在我们的门廊里举办时装秀，所取得的成功超乎所有人的想象。我逐渐意识到，我们需要更多的时间来挑战时尚。因为它并不止是一些非常美观的服装、外貌出众的女生，又或者是贵得你买不起的面料，而是要让人们去想，他们自己如何来展示自己的时尚，他们与艺术，他们跟自己的个性、跟自己的服装到底存在着什么样的联系。此后，我们又邀请了很多来自亚洲、非洲及拉丁美洲地区的设计师（图3）一起参与进来。今年，我们将这个项目带到了澳大利亚的北部城市凯瑟琳，与本地的土著民一起合作，开展了一个时装周。他们做了非常漂亮的印花和独具特色民族图案，令人惊艳。

但这种形式在发行上仍然存在一定短板，换句话说就是怎么样进行交流和沟通。谈到时尚，一定要把时尚放在合适的文化土壤之中才可以。这里面谈到世界各地给我们带来的灵感，包括音乐、舞蹈、视觉艺术等。如果谈到灵感，灵感来自世界，来自各个方面，包括时尚层面。如果谈

公共精神:人们如何参与南岸中心

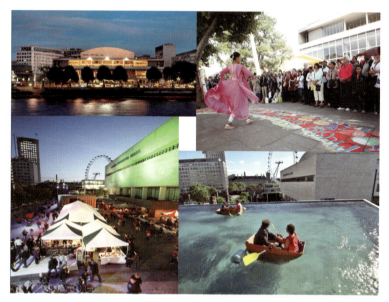

图2 南岸艺术中心举办的活动

图3 正在学习的年轻设计师

到时尚，那时尚和艺术的源泉是什么？时尚是否会让有些人产生一种排斥感，或者说时尚让有些人感到心存嫉妒，甚至沮丧等一些感受，这是时尚带给我们的后果吗？我们知道，世界可能不一定百分之百公平，但是对艺术而言，艺术是不是可以为大家所共享？这是在一个巨大的乌托邦之下我们所面临的问题。如果艺术可以共享的话，时尚是不是也可以为大众所共享，这样大家可以产生一种自我认同，而不是感觉到被排斥。我认为时尚应该是一种融合，是一种可以通过互相帮助达成的和谐的和平，人们可以用平等的眼光对待他人的肤色、体格等，而不一定就要是财富。而我们也可以平等地审视眼前的这个时尚行业。

  我们以此通过时尚在不同的基础之上进行和谐共处，通过时尚还可以在其他方面进行很好的表达。这就是我们能诠释出的美，是纯粹且不止于浅层的。比如说一个人，他是白人，头发是直的等，这是美。我们考虑到什么都是普罗大众可以使用的，有一些比较好的活动，在我们所谓"公众时尚周"里面，确实也感觉到可以把全球的智慧融合在一起。同时我们也在不断地扪心自问着，这样一个艺术行业和文化行业、时尚行业是不是共同推动着这个世界走得更好，并且可以为所有人所共享。答案是肯定的，它的确可以使我们的世界变得更为美好。所以我们的工作就是致力于怎么使大家相互包容，增加艺术和时尚的包容性，使大家平等。个人的表达是个人信心的体现，比如我们说自己，我就是我，我就是特别的，每个人都是特别的。而我们的目标，就是让世界上能有越来越多这样自信的灵魂。

携创新之力迈向可持续时尚

Innovation Towards Sustainable Fashion

○ 萨琦娜
Sakina M'SA

演讲人简介

萨琦娜是巴黎 Sakina M'SA 品牌创始人,时尚设计师。出生于科摩罗,毕业于法国马赛高等时装学院。Sakina M'SA 自 2004 年起就设立在拉古特区。作为法国巴黎的一流设计师,萨琦娜的时尚作品兼糅低调与奢华元素,既适合中规中矩的普通市民,又适合高端大气的时尚总监。

Sakina M'SA 品牌以创新 3.0 流动元素实现时尚定位,尤其是秉承可持续发展三大支柱:经济、社会与环保协同理念,可谓是真正崇尚伦理道德的体现。而时尚与可持续发展的完美结合尝试,同样也丰富了全新经济模式。萨琦娜还深深为社会层面的时尚着迷,希望通过文学、舞蹈和当代艺术表达出独特专属时尚理念。

Sakina M'SA, Fashion Designer, born in the Comoros and graduated from the Higher Institute of Fashion in Marseille, SakinaM'sa is settled in the district of "la Goutted' or" since 2004. As a Parisian designer, her work is both the one of a committed citizen, and an artistic director in cohesion with her job.

Her brand is positioned in an innovation 3.0 flow: a real ethical responsibility which has the particularity to use the 3 pillars of sustainable development: economic, social, and environmental. A new economic model which is enriched of hybrization: Fashion and Sustainable Development. The fashion designer is also interested in the societal aspect of fashion through the prism of literature, dance and contemporary art.

我是时装设计师萨琦娜。我认为我应该先给大家讲述一下我是如何走上时尚这条路的。我出生于一个小岛,在岛上人们需要早上起来去打水和打猎,这样的生活经验至少让我知道豌豆不是从罐头里而是从土地里长出来的。我由祖母抚养长大。当我们这些小孩子们早上起床后,祖母会在房屋的墙上记录下我们前一天晚上做的梦,而当天晚上她会告诉我们这些梦的含义。一天,我得知自己要去法国了,但当时我一点也不了解西方。我当时所生活的小村子既没有水也不通电,即使偶尔可以用电,也只是每天两小时的时间,但能在这个小岛上出生我依然感到非常幸运。所以当我得知我要到法国去的时候是有些不安的。我并不想去法国,因为我做过一个很奇怪的梦:在法国,人们都生活在抽屉里,而我当然是不想在抽屉里生活的。

到法国之后,我决定从事时尚行业。在法国我见到了我的母亲,我第一次见她时,她正从一幢六层高的建筑的窗户里伸出头来,而她家中那个大衣柜仿佛就是我梦中出现过的。之后我开始学习时尚,我对这个充满差异性的概念非常感兴趣。我那时经常去伦敦,我受到那里20世纪60年代的音乐的触动,但更触动我的是差异性。后来我变得朋克,且在此过程中,我最终发现他人的目光真的是可以改变一个人的。我最后决定要成为一名时尚设计师,因为我当时还不能很好地理解为何看似肤浅的服装竟能在这社会中体现更深层次的内涵。我去读了时尚设计学院,在那之后,我的时装设计之路变得有趣起来。

结业后我来到了时尚之都——巴黎。我之所以选择来巴黎，是因为在时装设计学院读书时，那里的老师对我只有赞美和表扬，我意识到如果我一直待在那里，总有一天我会得意忘形且永远不会有长进——不管是思想、知识还是才干都不会有长进。在人才济济的巴黎，我发现时尚永远在变化，而且这真的是一个非常注重外表的行业。但我不想只停留在外表，我希望这个行业能更注重内在。我起初住在巴黎非常混乱或者说贫困的一个郊区，那边有很多移民，他们生活困苦、失业率高，在巴黎这座城市中异常艰难地生存着。后来我有幸搬进城区，我告诉自己："这是一次机会，我应当在这里发展我的事业。"

　　我在那里访问了很多年轻人和老人院的老人，我告诉他们我是时装设计师并且坚信我的创作能取得成功。于是我开始着手筹办一些时装秀，但我采用的模特是不合常理的，就是说在常人看来应该被时尚拒之门外的个体，他们可能是体重90公斤的人，可能是一位老人，也可能是坐轮椅的人。我就是为这些人设计服装。这一切看起来都很不可思议，但我明白时尚是不应将任何人排除在外的。在我的第一次时装秀上，虽说我没请到像麦当娜这样的大明星来看秀，但观众席上不乏一些哲学家，例如奥黛丽·安妮。我便发现在法国这个遍布思想家的国度，我的时装秀最先吸引的是城里的知识分子，在其之后才开始有买手等时尚界的人关注我的时装。最终，在坚持自我的过程中，在为普通人设计服装的过程中，我开始坚信街上就是最大的T台，因此我会采用各种各样身材的人做模特。

　　接下来我要讲述的是我的品牌。当创立这个品牌时，我就希望它是与众不同的。我们现在生活在一个瞬息万变的时代里，不能再像20世纪八九十年代那样经营生意。随着互联网的普及，经济正向着数码化的方向转变，而我想的是在这样的经济里加入"人"的概念，也就是我在这个城市里所遇到的一切人。虽然我设计的服装在巴黎"老佛爷"、在日本的各大豪华商场都有售，但我并不希望巴黎这座时尚之都变成只为富人敞开大门的都市，因为已有越来越多的穷人被时尚排斥在外。直到现在，我的时尚理念一直是包容的，而不是排外的。也是从那时起，我开始思考"美"与"好"。对我的品牌来说，"美"体现在现代与前卫，"好"则意味着真实、需求和热情而且绝不能掺杂悲惨主义的元素。从前些年开始，人们开始关注可持续发展。很多奢侈品牌纷纷追随这一新趋势，而这一趋势也确实展现着这个世界乐观的一面，也就是"美"与"好"。我认为一个人是否"好"并不由他的出身决定，而是由他是否有变"好"的意愿来决定，因此我的品牌中首要的是加入公正与真实的元素。"美"则可以是当代艺术、灵性与诗歌，可以是欲望、灵感与文学，也可以是独特性。我十分努力地尝试着将这种热情、分享的欲望与自我的爆发力融入我的设计中（图1）。

图1　萨琦娜品牌的价值观

目前我的时装公司雇佣的员工中有70%的人以前没有工作，他们是经由我们公司培训上岗的。时尚行业是一个需要技术的行业，比如路易威登这个品牌，他们制作一个皮包是需要大量的手工劳动的，是一个个工匠消耗着他们的精力与才华去完成皮包的制作。我认为我的品牌也是一样，应该去雇佣一些也许说不好法国当地的语言但却有才华的人，而且在我们的公司里有专门的人员去教这些人读书和写字，尽管他们不会读写，但他们聪明、能干、灵巧，总让人为之惊叹。几年前，我获得了开云基金会的奖金，也是在那时我认识了弗郎索瓦-亨利·皮诺。他一直要求我多多思考可持续发展的路线，并让我和彪马合作了一次。彪马经常与其他品牌就旅行袋这一单品进行合作，比如亚历山大·麦昆也和彪马合作过。我为彪马设计的旅行袋以蓝色为主打色，蓝色在西方代表着劳动，因为这是蓝领工人所穿的颜色。在我看来，正是谦卑的工人们创造着这个社会的光和热，所以我希望通过与彪马的合作可以展现工人这一群体。我其实也是工人的女儿，以此合作为契机，我决定将"蓝色"做成我的第二条品牌线（图2）。

图2　萨琦娜为其他品牌所做的设计产品

我们品牌的一个原则是雇佣那些对自己没有信心、难以找到工作的人,而且在雇用他们的同时尽力帮助他们在其他地方找到一份工作。这项行动是受到政府支持的,我们也是第一批因此项行动而获得政府认证的公司之一,在法国人们称之为"社会团结经济模式"。目前这还是一个崭新的经济模式,但我相信它在将来会有所发展。社会团结经济模式在法国创造了很多就业机会,但遗憾的是这一模式大多被应用于保洁等行业而很少被应用于有关"美"的行业。然而我发现在当今社会中,"美"真正可以使一个处在社会边缘的人找回自信和尊严,并昂首挺胸地生活。所以我们的行动实行得非常顺利,我们成功招募到一些上述条件的工人。等他们有一定成果,也就是制作出一定的服装成品后,我们便帮他们在开云集团或是其他地方另找工作。稍后我将为大家展示一些照片以便大家可以更好地理解他们的成品,你们将会发现他们的作品非常完整,令人惊叹。

我们的品牌中还有另外一个十分重要的层面,即文化层面。我们每年都会在巴黎一些本应与时尚无缘的地方举行一次到两次走秀,比如旋转木马或其他的地方,重要的是我们想将时尚和美带到每一处它们本不会存在的地方。我一直觉得走秀这项活动将自身与外界隔离开来,因为它将时尚界的人都封闭在一个小圈子里。然而我们对于时尚的灵感却往往是来源于外界的:时装设计师就像一块海绵,汲取社会中的灵感,然后将它释放在T台上,进而引领一个潮流。因此我发起了一个叫做"In Situ"的时尚项目,就是说时尚不应仅局限在圈子内部,而应拓展视野去观察墙外发生的事情。从几年前开始我就一直在为实现这个目标努力。比如有一次,在巴西圣保罗时装周期间,我们邀请了当地贫民区的五十来个妇女,并为她们设计服装。这些妇女中有很多人出身非洲大陆,我们的设计理念便是要体现她们心中的家乡记忆。因此在那次圣保罗时装周上,在精英云集的秀场上,观众们却可以看到专门为贫民区妇女设计的服装系列。

从三年前开始,我们还会去法国弗拉里梅洛吉斯的一个女子监狱办秀(图3)。请大家看一下这些照片,出于人权因素的考虑,照片上只有她们的背影,但重要的是我们可以从照片上看到她们的热情。一开始是这所监狱里的电台工作人员在报纸上读到一篇关于我的文章,便想要采访我。我欣然前往,并和关押在那边的女性一起喝了几杯。我问她们:"你们的梦想是什么?"但随即我意识到这些女人已经不再怀有梦想,她们觉得自己已经丧失了做梦的资格。我说不可能,人就应当有梦想,这是很重要的一点。于是她们说:"我们也梦想走一次秀,但是在这个地方我们连高跟鞋都不能穿,别提带剪刀和布料这类物品进来了……"我告诉

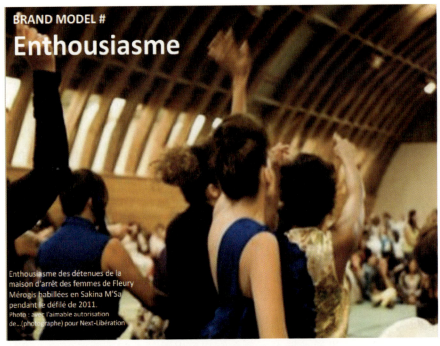

图3 法国弗拉里梅洛吉斯女子监狱中的走秀

她们我会想办法。我花了两年时间说服司法部和监狱长批准我们的这项计划，现在呢，我们每年会在这个监狱组织两次走秀，而且每次走秀我们都会带 45 名专业人员一起帮忙，包括我团队里的发型师和化妆师，最终则由监狱里的女性做模特来展示服装。当我在时装周上办秀时，一切都是按部就班的，模特们都十分听话，但当我来到监狱，一切都突然变得不一样了，我仿佛置身于一场音乐会，房间里的人，不管是女孩还是妇女都纷纷站起来释放着她们的热情。走秀结束时，一个囚犯说的话深深地触动了我，并使我萌生了将这个项目继续做下去的想法，她说："今天早上起床的时候我觉得自己已经不在监狱里了，而是已经自由了。"所以说服装不只是停留在表面的，它可以非常深刻，可以为一个人及其灵魂带来巨大的改变，它使得一个囚犯感到哪怕只是某一刻的自由。

除此之外，我们还会和博物馆合作，例如小皇宫博物馆。当我去和博物馆负责人交涉的时候，我告诉他我正和一些晚上没有地方住的女性一起工作。实际上，除了工作日的常规工作外，我们会在周末走访一些社区并在那边搭建临时的时装工坊（图 4），然后邀请一些女性来工坊体验。在前来的女性中便有一部分是靠天主教救济会救助的，她们晚上甚至无处安身，所以我们希望这些女性可以在时装中找到一点乐趣。于是我对小皇宫博物馆的负责人说，虽然博物馆里都是 19 世纪的作品，当代艺术家在这里可能找不到立足之地，但还是值得一试。因为小皇宫博物馆就位于香榭丽舍大街，而我所帮助的那些女性尽管身在巴黎，却也许从没来过香榭丽舍大街，更别提去参观一个博物馆。给她们一个去欣赏库尔贝的《塞纳河边的少女》或是其他画家画作的机会，也许就会改变她们的生活。后来我们在博物馆做了为期 9 个月的前期准备工作。我在博物馆搭建了工坊，每天就在博物馆的画作和工坊间来回穿梭。我告诉当时参加项目的 15 个女性她们需要从二手服装中寻找灵感来设计一个系列，这个系列最关键的理念就是要用到她们自己的旧衣服，并且能讲述她们的生活。我们最后做出来的展览在 1 个月间吸引了 2.5 万名来参观的人。在这次展览上,平日里与香榭丽舍大街无缘的这些女性得以梦想成真。

图 4　萨琦娜在临时的时装工坊

这些项目对于身为一个人类个体的我来说是十分有意义的。今天我们仍然继续做着这些项目,比如刚才说过的监狱的项目,每年都会进行一次。2015 年我们还会在巴黎金门宫的移民博物馆举办展览……这些项目并不妨碍我们的品牌兼顾社会的各个阶层,每一个阶层对我们来说同样重要。我们的品牌充满激情和对"美"与"好"的热情,我们希望它能触动人的灵魂并让人爱上自己的灵魂,能让人生活在有责任感和现代化的社会。在我的想象中有一个理想的女性来穿我的品牌,她大概 35—40 岁,她很聪慧,她可能出生在纽约、柏林或巴黎,也可能来自非洲的一个城市，总之在当下这个人们可以随时坐飞机、上网的时代，她是一个国际化的女性。

我给大家看一下我们的一些设计（PPT），这些服装都是由我刚刚提到的原来没有工作的那些女性在我们位于法国的工作室制作的。现在我们和开云集团也有一个合作项目，在弗郎索瓦-亨利·皮诺的建议下，他们的工业经理伊莲每隔两周都会到我们的工作室来和我们一起工作。在此过程中，我们雇佣的女工真的制作出了很棒的作品。总之我认为时尚是可以创造价值的，我们身在一个人性化的社会中，我们的服装是为人而制作，也是为"成为人"而制作。我们还有另外一个正在筹备的项目，也就是将要在玛莱区开张的概念旗舰店"Le Lieu"。在该项目中我们会尝试运用同样的经济模式，我们会邀请一些设计师（我们的概念旗舰店是集合多个品牌的）并向他们发起"挑战"，即设计师们需要在他们的设计中运用到可持续发展的三大支柱——也就是环境、社会和经济中的一个（图5）。

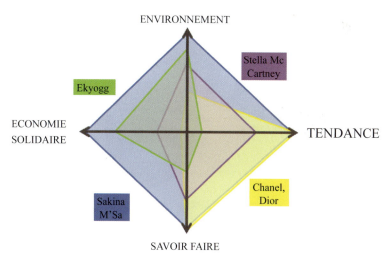

图5 Sakina M'Sa 等品牌在环境、社会和经济中的定位

我们的概念旗舰店所在的地方之前是一个当代艺术画廊,现在这里集合了50多个品牌,大大小小的名人都会光顾这里。我们之所以对设计师们提出这项挑战是因为我们已经意识到可持续发展早晚会影响到社会的方方面面,这一点是十分重要的。这是我刚才提到的我的第二条品牌线"蓝色",我们先收购老旧的蓝色工装,再将它们拆开重造,做成大家现在看到的样子。这件T恤上写着"我爱金色水滴",因为我们所在的社区叫巴贝斯,又叫"金色水滴",这件T恤非常受欢迎。这就是我的第二条品牌线了,整条线都采用了工装的蓝色。图6上是我们在工作,右边是巴黎世家的伊莲,最里面的是团队负责人。

图6 Sakina第二条品牌线"蓝色"的部分产品

在座的年轻人们,你们都是热爱时尚的,要知道你们这种对时尚的要求和对潮流的追求是可以一直保持下去的。因为人本来就应该对美和风格有所追求,但前提是这种追求要符合不同个体的需求。毕竟,当我们揭开时尚的外衣,唯有灵魂赤裸裸地显露出来,而且正是这灵魂推动着社会壮大、成长,并最终变得更加智慧和人性化。

通过文化艺术赋予人们活力

Empowering People Through Culture and the Arts

◎ 托比亚斯·比昂科尼
Tobias Biancone

演讲人简介

托比亚斯·比昂科尼自 1989 年 1 月成联合国教科文组织国际剧协以来始终是该组织的成员。在 2008 年 1 月当选为国际剧协总干事之前，他是国际剧协瑞士中心董事会成员，国际剧协世界剧作家论坛主席和创始人，国际剧协全球执行委员会成员。

托比亚斯·比昂科尼在国际剧协的任务是使该组织现代化，并通过全世界 100 多个中心将表演艺术在国内和国际范围内发扬光大。2012 年 3 月，他建立了高等艺术学府世界教育联盟，涵盖了 21 所高等院校，在联合国教科文组织建立了名为 UNITWIN 的项目。国际剧协也投身于世界表演艺术中心来增加表演艺术形式的知名度和价值，以提高其在专业性的教育标准，并庆祝嘉奖舞台人才。

自 2010 年 1 月起，托比亚斯·比昂科尼受邀出席世界各地多所艺术院校的艺术节并作重要致词：2008 年 5 月西班牙巴塞罗那，2010 年 3 月白俄罗斯明斯克，2013 年 6 月比利时列日，2013 年 8 月越南胡志明，2014 年 9 月墨西哥，2014 年 2 月中国上海、北京，2014 年 1 月哥伦比亚圣尔玛塔，2015 年 5 月哥伦比亚卡利。他参与了这些国家举办的戏剧节、研讨会及讲座等。

Tobias Biancone is a member of the International Theatre Institute ITI, based at UNESCO, since 1989.1. He was active in the board of the Swiss Centre of ITI, president and founder of ITI's International Playwrights' Forum, member of the Executive Council ITI worldwide, before he was elected Director General of the International Theatre Institute in 2008.1.

The mission of Tobias Biancone for ITI is to modernize the organization, make it active worldwide and lobby for the performing arts internationally and through its 100 Centres also nationally. In 2012.3 he took the initiative to create a new Network for Higher Education in the Performing Arts, together with 21 Higher Education Institutions, created under the UNITWIN programme of UNESCO. ITI also is involved in a joint project with UNESCO to create a World Performing Arts Capital to increase the visibility and value for the performing arts forms, to increase the educational standards in the professions of it and to celebrate the excellence of people on stage in one chosen capital.

Since 2010.1, Tobias Biancone is invited to give keynote speeches at Theatre School festivals all over the world: Barcelona (2008.5), Lima (2010.3), Minsk (2010.3), Liege (2013.6), Ho Chi Minh City (2013.8), Mexico City (2014.9), Shanghai、Beijing (2014.2), Santa Marta (2014.1), Cali (2015.5). He presents his papers at festivals, conferences and lectures all over the world.

我今天的主题是通过文化艺术赋予人们活力。

首先我要请大家想象一下，在一个大城市当中出生的7岁小男孩，他对于生命有什么期待？如果他出生在比较安全的城市就生活得非常好；如果不那么幸运住在一个郊区，那里犯罪率不高，但失业率很高；如果他非常不幸，整个一生在危险的街区度过，只有很少的商店透过铁栅栏提供日常用品，公寓里有武装警卫，整天都要担心抢劫，就像住在一个"鬼城"里面，悄无人烟，夜里也很恐惧。

这个男孩在这个环境当中能有什么期待？对生活会有什么期待？街上的广告牌和电视要引诱他购买那些据称会给他带来幸福的东西。为了生活，他也许会遵循广告的教诲，也许会陷入这样的陷阱，他用这个品牌或那个品牌来证明自己。如果他拥有这些东西的话，就会成为这样的人。拥有这个品牌就算是个人物了，在这样的生活当中他到底可以找到什么呢？

他上学了，要学这个学那个。如果他在艺术方面有一些才干的话，他的家长和老师会告诉他要学一些有用的东西。他马上要成人了，他们告诉他应该找一个体面的工作。如果他幸运的话，家长和老师会给他的支持，使他成为一个专业的艺术家；如果不幸运的话，会被嘲笑或是反对。

如果他不是一个本地的公民也会受到排斥，出现各种各样的问题，这样的情况下这个男孩会有什么期望呢？

我们的文化和艺术，怎么可以帮助这个小孩呢，或者说其他任何小孩、任何人？文化与艺术，如何赋予他力量呢？我们怎么在城市当中，找到适于孩子成长发展的肥沃土壤？找到能让人好好自我思考而不仅仅是欣赏别人的艺术文化，同时参与到文化过程当中来为文化作贡献的地方呢？

文化在我们字典当中有这样的定义：文化其实就是一个基本能力的现象，人类能创造、学习并且进行沟通，沟通知识、想法，把技术交流给其他的人。要有这样的能力，创造、学习、沟通知识和其他的技能。

我们再来看这个 7 岁小孩，这个 7 岁的小男孩如果有艺术的天分，如果他用艺术来表达自己在全球任何地方都会遇到反对的意见。但如果没有这种反对，他可能也没有这个机会学习他所喜欢的艺术。或者如果他找到了一家艺术学院，但因为他的父母不愿意他进入或者付不起学费而无法入学。

这是一个基本抽象的定义，艺术表达的方式是一种媒介，能够让人通过这种媒介，表达自己的情感。这样其他的人也可以体会到他的观点。艺术其实是一个表达的出口，通常受到文化的影响，同时也反过来帮助改变文化。所以艺术其实就是内在创作冲动的外在表现。我们在这个复杂的世界当中，包括知识、信仰、艺术、道德、法律、习惯、习俗都是由社会传承下来的，艺术关注创造力，任何的艺术创造力都是精神的创造，创造其实就是这个定义的关键词。

7 岁的男孩也许有这样的天分和兴趣，对某种现存的艺术表示了强烈的兴趣。比如在视觉艺术方面，他可能对绘画、陶瓷、摄影、建筑或雕塑感兴趣；在文学艺术上，他可能想成为一个诗人、小说家、戏剧家或者是电视电影编剧；在表演艺术上，他可能对成为演员、舞蹈家、编舞者、舞台导演或者演说家感兴趣；或者如果他对表演艺术和视觉艺术都感兴趣，可以把创造力运用在舞台上，成为灯光设计、化妆师或者道具设计师；又或者他想成为音乐家，成为歌剧演员、流行歌手或者民族乐曲歌手；如果他对电影电视感兴趣，也许会成为一个导演或是任何一个你会在电影片尾字幕看到的抬头;或者画漫画;当然还有其他艺术的表现方法,把现有的艺术和时尚结合在一起,这个男孩的家庭也许有烹饪的习俗,烹饪艺术也是艺术的一种。

生活其实处处包含创造的冲动,回到我们所讨论的问题,这个城市如何通过文化和艺术赋予人们力量呢?我想帮助大家好好思考一下,大城市需要什么,什么样的大城市能够让这样的小男孩发展其艺术天分?

我想举几个例子,关于在文化艺术当中,我们可以进行一种怎样的投资,让城市或个人拥有这样的机会。我们可以发现,其中有一个是对艺术教育的投资。

我访问了一个英国的街区,他们用这样教育的方法改变该社区的环境,改变他们的命运。首先有10个人,他们想有所作为来改变一下这个城市比较绝望的处境:这里的失业率非常高,年轻人无法找到工作就在街区里面为非作歹,让这里的居民觉得不安全。总体来说,很多人对好的生活和未来没有期望。

这些人觉得在艺术教育上进行投资可以改变这个城市和人们对生活的态度。他们的第一个计划是创造场所让人们可以接触不同的艺术形式,然后成为某一方面的专家。他们的目标群体就是年轻人,当然也包括其他年龄的人群,过了一段时间之后,一些废弃的工厂转变成了艺术馆和美术馆,他们创造了一个融合音乐和戏剧的剧院,有各种各样的舞蹈工作室等。年轻人开始学习怎么样演奏乐器,而不是在街上破坏闹事,有时候甚至有一些流行乐曲的乐队可以组建起来,还有其他人学舞蹈、艺术写作或者是作画。

10年间整个城市气氛发生了变化:犯罪率和失业率大大下降,这座城市成了一个旅游景点,全球各地的人们或者英国其他地方的人都来参观这个城市。如果你现在去盖茨黑德,你不仅可以看到非常有意思的文化节目,也可以体验当地的文化氛围,在任何一家餐厅品尝当地的烹饪艺术。

如果这个小男孩在这个城市出生的话,他有很多成为艺术家的机会,来发挥他的艺术天分和兴趣。

艺术教育不仅仅局限于音乐、表演艺术、文学,而是包括任何我们能想到的形式。还有其他的艺术,比如烹饪艺术、美食艺术。

在去南美的一个城市之前,我读到一篇文章,说一个学生到巴黎学习法律,后来却没有学习法律,而是学习了法国的美食烹饪。回到家乡之后,他开了一个非常知名的餐馆,还创建了一个美食学院把他的美食在他的家乡广泛推广,现在他的家乡成了南美的美食之都。如果你在他家乡的其他餐馆,同样可以体验到美食的艺术。

人们在艺术上进行投资,我认为这是值得的,当然也有风险。

任何城市如果在艺术和表演艺术当中进行投资的话,能够增加当地的吸引力,吸引更多的游客来。游客会在著名的展览会、博物馆排队想要进去看看。整个城市来了那么多游客,当然会获得很多利润。这些游客会去酒店、餐馆、商店,这证明文化和艺术是一个主要的驱动力,可以驱动经济的增长,帮助城市变得富有。这些都很好。

我们是不是通过这样的文化赋予人们力量呢?我的答案是,还不够。我认为艺术其实是灵魂的食品,这是关键点。艺术作为一个文化的表达,在滋养着我们每天的需求,让灵魂变成纯净。这种力量不仅存在在物质当中,也存在在伟大的思想当中,这种思想其实是不可触及的。我们只能看到思想的外在形式。

在全球进行旅游,有很多城市想要进行文化的消费,他们会体验这样的消费文化。他在购买啤酒或者一顿饭或者其他产品,所有的这些消费在世界上任何地方都是不断在进行的。大家晚上在干什么呢?是吃饭还是去做按摩,去看马戏或者在家看电视呢?也许所有的人都会有非常类似的体验。也许他们会说今天吃的这顿饭太咸或者太辣了,按摩太用力了,马戏非常没有意思,等等。消费主义已经成为一种效应,人们在消费的时候，他们创造一种作为消费者的态度，这对于文化和表演艺术的传播来说，是有一定威胁的。

为什么呢？因为在消费文化当中，人是被作为一种结果而存在。其实人应该作为一种创造主体而存在，创造是可以让人更多地融入创造的过程当中去。

如果我们刚才看到的这个小男孩写诗或者其他的作品，一定会回顾和思考他的人生，这个过程当中他的创造就会有意义。无论是写戏剧或者其他的作品，都能让他的日常生活变得更有创造力。

表演艺术也是如此，我曾经在巴黎看过南非一个导演导的剧，有非常深刻的印象。那是一个非常创新的音乐戏剧，过程可以让观众参与进来，甚至在节目当中参与到舞蹈中来，并且能让所有年龄的人都参与进来。

最近我看了一本书，这本书写到作者资助了一个项目，能够让很多经济上比较困难或者不幸的人接受音乐艺术教育。音乐艺术教育可以让这些年轻人的人生发生一定的变化，无论他们学到了什么，如何表现。当他们在表演一个来自国外音乐的乐器或者歌剧的时候，作为主办方，他们都看到了这些学生身上的潜力，以及这个过程当中表现的创造力。

我们需要能够让人们更多地参与到文化的创造中来。无论他们是什么样的年龄、背景和宗教信仰，都要给予他们一个机会，让他们有这个场所来看、听、感受艺术。这样就可以激发他们的灵感，能够让他们的智慧、感官、情绪都可以发挥作用，使得人们有生活意识，让人们对于艺术、文化以及其他方面的感受更为清晰，并且能够将他们的观点传递给其他人。这样我们就能够在生活中带有创造性的态度。我们的教育就是为了让人们在社会当中，在世界当中找到他们自己的身份，在这个过程当中更好地理解并且更好地传递他们的所看、所想。

那么怎么样可以让人们获得这样的能力呢？我们有很多教育的项目，可以让不同年龄和背景的人参与进来。我们的艺术教育应该让所有感兴趣的人都可以参加。如果我们想要让不同年龄的人参与进来，哪些人会获得更多的机会？是不是只有有钱的人会获得更多的机会？我们怎么能够让那些有残疾的人或者比较不幸的人，年长的人或者是难民，参与进来？

还有艺术教育在中小学和幼儿园里要如何进行？我所在的世界上最大的表演艺术机构，就有一个项目研究怎么把艺术教育、戏剧教育带入小学和幼儿园。这样做是因为我们相信幼儿园、小学作为教育的早期阶段，能够让人们获得更多艺术教育的好处。他们也会学习绘画，也会学习素描，但是戏剧带来的影响是更为巨大的。这个过程当中，他们会需要表演。这里我们不会过多地衡量他们表演的技巧。因为我们的生活本身就是一种沟通，就需要去对话，能够通过对话的方式来改变、解决生活中的问题是非常重要的能力。有很多政治家实际上都是解决纠纷的高手。如果我们不采用这样的形式，也许我们在解决问题的时候，就会看到政治家不善于对话，就会使用战争。所以 ITI 的学生会需要有这样的能力，让他们通过这样的过程更好地接受艺术教育，不是让他们成为一个艺术家的消费者，而是让他们成为创作者。

ITI 也使用戏剧教育，在战争和冲突的过程当中来试图进行社会的改变。我对于这个 7 岁的儿童以及其他的男孩、女孩有一个梦想，我希望他们能够在这样的年龄，接受来自文化和艺术的熏陶，能够在这样的年龄学到他们所应该拥有的艺术能力，能够让他们在看、听、感受和其他的经验当中，更多地思考他们的生活，让他们更多地参与到他们这个年龄所适合的文化和艺术的创造中来。

我还有一个梦想，就是我希望当局者可以建立一个很好的机构，让越来越多的人，无论哪个年龄层的人，都可以独立参与到艺术和艺术享受中来。无论他们是不是专业的人士，都可以自主选择他们喜欢的艺术，成为他们喜欢的领域的艺术专家。我建议我们可以共同参与进来，专门建立这样的一个机构，促进而不是阻止这样事情的发生。

我也希望我们可以在一个城市当中，建立一个文化传播的概念机构，能够让不同背景和不同年龄、种族的人都可以参与进来，进行艺术的创造。一个城市如果进行了这方面的投资，和为他的居民提供教育、医疗、食物来说是一样重要的，因为它所带来的是一个城市居民所需要的精神食粮，我们会因此看到人们对于生活更有创造力。结果很可能也会带来经济上的繁荣，因为这样一座城市的人会让这个城市变得更有吸引力。在这个城市当中，也会有更多的机会被吸引过来。这样的一个城市将会关注到每一个人，无论是年轻、年老，无论是被边缘化的人群还是移民难民，我们要让人们在文化和艺术当中有更多的发展和机会。同时我们也希望，我们的城市能够因此而成为一个在文化上富足的城市，成为一个可以相互理解的和平的地方，整个世界也因此变得和平，这就是我的愿望和想法。我们今天也会有很多专家，从各个层面，以不同的例子阐述这一点，我希望大家都可以在今天这场会议结束后，获得更多艺术和文化的熏陶。

未来上海城市发展的文化愿景

Cultural Vision for the Urban Development of Shanghai in Future

◎ 荣跃明

Rong Yueming

演讲人简介

荣跃明,上海社会科学院文学研究所副所长(主持工作),文学博士、研究员、博士生导师、上海社会科学院创新工程"城市文学与文化"首席专家。兼任上海市社联委员、上海市中国特色社会主义理论体系研究会常务理事、上海市政府发展研究中心特聘研究员、上海市哲学社会科学专业技术高级职称评审委员会委员等。发表学术论文多篇,主持国家社科基金等重要课题多项。主要研究马克思主义文化理论、文化经济学、区域经济学等。

Rong Yueming, current Deputy Dean (executive) of Institute of Literature, Shanghai Academy of Social Sciences. He is a Literature Ph.D., research fellow, Ph.D. supervisor, and the chief expert of the innovative project "Urban Literature and Culture" of the institute. He is also a member to Shanghai Federation of Social Science Associations, a managing director of Shanghai Society of Theoretical System of Socialism with Chinese Characteristics, a special-engaged research fellow of the Development Research Center of Shanghai Municipal People's Government and a member on the jury for advanced expertise level of philosophy and social science and etc. He has authored and published several academic papers and managed key projects such as projects for the National Social Science Fund. His studies mainly involves: Marxist theories of culture, cultural economics, and regional economics and etc.

未来30年，上海提出了全球城市建设目标。在实现这一目标的过程中，要充分发挥城市文化建设对于全球城市建设的精神支撑和思想引领作用，需要在准确把握国际国内形势变化和时代发展新趋势新特征的前提下，进一步明确上海城市发展的文化愿景，不断丰富和深化其内涵。

一、人类社会正在经历文明转型

当今时代，人类文明正在经历由工业社会向信息社会的全面深刻转型。文明是文化总体成果(物质文化和精神文化)的客观实在和外观显示；而文化是人类知识体系、价值体系和工具体系的创造、积累和传承。人作为文化的主体，正是在文化的创造、积累和传承中能动地推动了文明的进步和发展。迄今为止，人类经历的文明转型亦不过三次：第一次是由原始社会进入农耕社会；第二次是由农耕社会进入工业社会；目前正在经历第三次文明转型，即正在由工业社会全面过渡到信息社会。人类社会文明转型的核心是生产方式和生活方式的转变。

在人类文明转型的背景下，当今世界正处在全球生产体系、全球资本积累体系和世界经济政治秩序深刻调整时期。东亚有多个城市正竞争成为重建中的全球资本积累体系新周期的地理中心。世界未来的发展期待新的文化实践和意识形态表达，主张多元文化共存、推进不同文明之间相互交流融合成为时代潮流；构建文化多样性为基本特征的人类社会新秩序和新文明，日趋成为国际社会的共识。中国正在积极参与全球治理进程，并在国际经济政治秩序重建中日益发挥着更大影响力。中国特色社会主义道路、制度和理论实践正以新文明意义上的新理念、新思想和新文化，即以人类文明的新形态影响世界的未来发展。

世界经济政治秩序的深刻调整，促使全球范围城市化浪潮呈现新特征，并日渐成为重塑世界经济政治新秩序的重要力量。在网络通讯技术广泛应用、万物互联和全球市场高度一体化的今天，由人流、资金流、信息流和物流构成的全球城市网络，支撑着全球生产、流通和消费的循环运行。全球网络中的重要节点城市正在代表其所在国家参与全球竞争。未来30年，全球城市将随全球生产体系的结构调整、全球资本积累体系的周期更替和国际经济政治格局的秩序重建而重新排序，新兴大国经济中心城市有较大机会以跨越式方式跻身全球城市之列。

全球万物互联使任何物品都能凸显媒介化特征，网络技术的广泛应用使媒介进一步呈现社会化趋势。人类文明转型不仅促使生产过剩条件下的产品竞争转变为品牌竞争，而且经济、政治、社会各领域各种形式的竞争都将转变为文化影响力和传播力的竞争。

二、全球文明城市，上海国际文化大都市建设的新座标

文化发展支撑和推动城市持续发展的功能内涵可以概括为三个方面：一是在城市经济社会发展中，城市文化建构和定义社会关系，并作为凝聚人心的思想基础和精神动力引领经济社会发展；二是文化发展作为生产、传播和消费过程以及由此构成的文化经济形态，本身是城市经济的重要组成部分，在城市经济的持续健康发展中始终有着举足轻重的地位；三是城市作为人类生产生活的空间集聚形式，是人类文明发展的历史凝结和当下展示，而城市文化的现实发展也在与历史记忆的互动中，不断

地重塑空间环境和城市形态。

未来30年，上海确定的全球城市建设目标必将持续推动城市经济的结构调整、产业升级和发展转型，同时还将持续推动社会进步、城市空间重塑和形态更新。全球城市既是在经济全球化和信息化交互作用下世界城市体系演化发展的新趋势，又是世界经济政治秩序调整作用于城市空间的表现。中国必然要在继承人类文明全部优秀成果的基础上，以超越资本主义生产方式局限性的社会主义制度和道路，即新的文明模式，来推进全球城市建设。

未来30年，人类文明转型背景下的上海文化发展，要为实现上海全球城市建设目标提供精神动力和思想基础，必须始终坚持中国特色社会主义方向，同时以更加开放的姿态，充分吸收世界各国文化的积极因素，更好地借鉴纽约、伦敦、巴黎、东京等国际文化大都市的发展经验，建成体现社会主义文明的新型全球城市，在人类新文明形态意义上创造出国际文化大都市建设新模式。为此，上海应以"全球文明城市"作为未来城市发展的文化新座标，为国际文化大都市建设注入新内涵，形成既能代表中华文化精髓，又能包容并蓄西方先进文化元素的城市文化新形态，进而成为中华文明新形态的城市表达。

全球文明城市应当充满文化魅力，其不仅在城市基础设施和空间布局中得以呈现，也必须用创意创新创造的丰富多样文化产品加以表征，更应当在广大市民对于城市精神的深切体认和践行中得到反映。第一，未来30年上海将建成国际经济、贸易、金融、航运和科技创新中心，这一城市定位要求上海文化内涵丰富、多元多样和有包容性，能够吸引中外各界人士汇聚上海来工作、学习和生活。第二，近代以来，上海文化就具有丰富性、多样性和包容性，形成了"海纳百川"的上海城市文化品格和优秀传统。而这一文化品格和传统也是未来30年实现上海文化发展战略目标的最重要基础。第三，上海文化"海纳百川"的品格和传统也蕴含了开放包容的城市精神，是上海市民崇尚的主流价值观，它不仅是人生态度，也是文化认同，还应当融入上海文化创意创新创造之中，成为城市竞争力的核心要素。第四，上海文化的多样性、丰富性和包容性必须获得艺术化、审美化的实践形式，不仅应当而且可以体现为文化创意创新创造活力的充分涌流和文化产业生产力竞争力的强大，还必须且可以在社会和谐关系、生活方式、城市景观和建筑样式上得到充分"展示"，使其成为具有新文明象征意义的城市文化符号。

三、创新上海城市文化体系建设新模式

未来 30 年，上海要在中国连接世界、推动中华文化现代转型、融合中外文化、建成全球城市等方面，以全球文明城市建设来展现人类文明转型新趋势，创造和体现中国特色社会主义文明新形态和城市文化发展新模式。为此，在全球城市建设中，上海文化建设要充分发挥自身优势，为持续推动中华文化融合发展、展现中国特色社会主义制度优越性和中华文明新形态、推动中华文化走向世界发挥积极作用，必须在区域、国家和全球三个不同空间尺度和层次上，完成城市文化结构形态的构建，形成多层次综合性城市文化体系，从而为上海全面建成全球文明城市奠定坚实基础。

在建成全球城市的目标下，上海全力推进国际文化大都市建设，即要在文化上以中国特色社会主义的制度模式和发展道路来建设全球文明之城，就必须把握全球城市发展趋势对全球城市文化发展的形态要求。全球城市作为全球城市网络体系中的空间节点，强调其外部联通性。依托多元多样的公益性和社会化文化平台而展开的各种文化交流和融合活动，不仅影响全球城市的社会发展和空间形态，而且作为城市经济的重要组成部分，文化艺术和思想观念的创新创意创造及其在空间上的集聚

和扩散，以文化产品生产、流通和消费的形式，借助于各类市场建设和扩展，在全球城市联通外部世界的形态构建中，其作用尤为突出。

未来30年，上海国际文化大都市建设要在把握全球城市形态特征的基础上，在注重上海城市自身内在的文化产业、文化市场、文化设施、文化活动平台布局建设，以及着力推进文化艺术内容创造和形式创新的同时，更加注重在开放环境下宏观文化环境的营造，进一步完善城市文化发展的结构形态和空间布局。在结构形态上要依托文化产业各行业门类和各类文化活动平台及载体，按照对内对外更加开放的原则，构建范围不一、对外联系紧密且广泛的多层次、综合性城市文化体系。

所谓多层次综合性城市文化体系是指，上海要在区域、国家和全球等不同空间尺度和层次上，完成文化结构形态的构建，达成国际文化大都市建设目标，进而作为新型全球城市呈现出文明之城的城市特征和文化特色。换言之，国际文化大都市建设在其联通外部世界的空间结构形态上，城市文化发展，即由文化产业、文化市场、文化设施、文化活动平台等城市文化结构要素构成的城市文化体系传播力和影响力的最终形成，有一个从城市自身到区域，再到国家，最后到全球范围的循序渐进发展过程。

在区域层面上，上海国际文化大都市建设要依托长三角区域经济一体化发展。尤其是要依托区域文化的一体化发展。随着我国经济结构调整和体制改革的深入，以市场一体化发展为动力的区域一体化呈现为空间不断扩大的趋势，长江流域经济带建设的启动和展开，为上海构建连接长三角区域层面，进而扩展到整个长江流域的城市文化体系带来了新机遇，注入了新内涵，也提供了更大的发展空间。

在国家层面上，上海国际文化大都市建设不能也不会替代中国特色社会主义文化建设的全部内容，但可以发挥独特作用，即以城市文化体系建设为内容丰富、形式多样且充满内在张力和活力的中华文化，在当代融合发展进而完成文明形态意义上的现代转型提供平台。在中华文化的当代发展中，上海国际文化大都市建设的这一独特作用，必定是在连接区域和国家的城市文化体系构建基础上才有可能呈现。

在全球层面上，作为社会主义国家的经济中心城市，上海城市文化已经在全球范围具有相当的影响力和吸引力。要真正成为人类文明发展的典范城市即全球文明城市，上海城市文化体系建设还要在联通区域和国家层面的基础上，进一步完成在全球范围内与世界各国各种文化互动交流，并产生巨大影响力和吸引力的城市文化体系构建。

未来 30 年，上海全球城市建设目标下的国际文化大都市建设目标和内涵，应从现在起，在 2030 年、2040 年、2050 年三个不同时间节点前完成上述目标，并根据这三个目标的不同特点，采取有针对性的实施策略予以推进。上述目标及其实施策略，空间尺度上分属不同层面，理论上存在循序渐进的逻辑，而在实践中必须同时推进，使这三个层面的文化体系建设作为一个整体能内在地形成互为支撑之势。

四、以全球文明城市建设深化和拓展新文明内涵

未来 30 年，处在人类文明转型中的上海全球城市文化建设，必须深刻把握人类文明转型的新趋势和新特征，在表征人类新文明的信息、生态、治理和文化融合创新四个维度上着力拓展全球文明城市文化建设内涵，在人类新文明形态的意义上，构建新文明的城市样板。

一是信息文明维度。全球经济和社会的深度信息化，正在加速和深刻改变人与人之间在生活和生产中的交往方式和关联程度。充分的信息化将极大丰富人的社会性，极大地提高人的智能，培育大成智慧，从而把人际关系的文明程度提到新的高度，为克服工业文明的弊端提供必要的哲学理念、科学方法和技术手段。现实世界由物质、能量和信息三大

要素构成，通过控制能量流来控制物质流是建立工业文明的思想基础，而强调物能的守恒性和独享性是形成工业社会弊端的深层根源。信息的特征是不守恒和可共享，建立信息社会的新文明意识，把信息置于三大要素之首，通过控制信息流来控制物流与能量流，是信息社会超越工业社会的局限与弊端，走向人类新文明的有效途径（参见苗东升《在文明转型中和平崛起》）。当前，人类社会信息化进程正在全面推进人类文明新形态的形成和展开，全球文明城市建设不仅要参与这一进程，更应成为展示人类新文明形态的典范。

二是生态文明维度。信息化和生态化是人类新文明不可或缺的两翼。人类发展的生态化，其本质就是使人与自然关系文明化。当今世界人类遭遇的资源环境困境，根本上是工业文明靠掠夺大自然致富，进而招致大自然报复的结果。通过经济绿色化和环境生态化超越工业社会的局限和弊端，确保人类发展的可持续性，是生态文明最重要的价值取向；而没有高度发达的信息技术和信息意识就不可能在世界范围建成生态文明（同上）。中华文化历来具有"天人合一"，即人与自然和谐相处的优秀传统。上海建设全球文明城市，就是要在继承民族文化优秀传统的基础上，在人类新文明的意义上实现人与自然、城市与乡村、不同阶层、不同代际，以及经济与社会的和谐可持续发展。

三是治理文明维度。20世纪80年代以来，经济全球化的迅猛发展和信息技术的广泛应用，既促进了经济社会发展，也对各国的政府管理提出了严峻挑战。围绕既要保持经济增长，又要实现社会公平正义，一种主张多中心权力运行，即崇尚平等合作、强调责任、公共利益和公民参与的更有效率的治理新理念，推动了现代治理实践在世界范围展开，从基层社区到国家，再到全球层面，遍及经济、政治、文化、社会和生态等各个领域。文明转型时期，人类社会期待现代治理实践形成符合人类新文明的成果。贯穿于现代治理实践中的资本主义与社会主义的制度竞争,最终也将由现代治理实践的成效体现出不同社会制度的优劣。党的十八大明确提出了国家治理体系和治理能力现代化的目标,上海建设全球文明城市,就是要以更高的城市治理能力展现中国特色社会主义制度、道路和模式的治理文明。

  四是文化融合创新维度。当今时代,经济和社会的深度信息化正在催生新的生产方式和生活方式;信息技术的迅猛发展和广泛应用不断推动各种媒介跨界融合,并以巨大的革命性能量重塑社会结构和人们的交往形式。基于信息技术应用的人类交往不断扩大和深化,必然带来多元文化的并存。但是,人作为文化的主体,多元文化的并存并不能从根本上改变人们的相互关系和地位,而因秉承不同价值和理念而导致的文化冲突也不会自动消解。因此,在文明转型时期,文化融合作为多元文化参与的交往形式,必然是人类新文明不断形成和展开的趋势和选择。上海建设全球文明城市,就是要在人类新文明意义上,坚持中国特色社会主义文化发展方向,以更加开放包容的心态,继承民族文化优秀传统,广泛吸收外来文化的优秀元素,在文化融合创新中为人类新文明做出更大贡献。

  (注:本文为2014年上海市决策咨询研究重点课题"未来30年上海全球城市文化发展和国际文化大都市建设研究"成果的核心内容。"全球文明城市"的概念由上海社科院原院长王战教授首次提出,本课题围绕未来30年上海城市发展这一主题,对此作了初步阐发。)

确保机会

Securing Opportunities

◎ 汉斯-格奥尔格·克诺普
Hans-Geory KNOPP

演讲人简介

汉斯-格奥尔格·克诺普曾任欧盟25个国家文化中心合作组织主席、德国歌德学院全球总秘书长、柏林世界文化中心艺术总监。现为赫蒂管理学院国际文化政策研究所高级研究员,上海戏剧学院名誉教授。

克诺普博士多年从事国际文化交流,研究神学、宗教、印度语言文化学、阿拉伯文学、社会学和政治学。1974年,他在歌德学院开始了自己的职业生涯。1974—1981年担任雅加达、科伦坡、新加坡、孟买等地歌德学院文化交流负责人。1986—1991年担任歌德学院总部文化交流的负责人。1991—1996年担任芝加哥歌德学院院长。1996—2005年担任柏林世界文化中心艺术总监。2005—2012年担任德国歌德学院总部秘书长。2009年上海戏剧学院授予荣誉教授。现为柏林国际文化政策研究所高级研究员。

Hans-Georg KNOPP is former chairman of the EU National Cultural Centre Cooperation Organization, the Secretary — General of the German Goethe Institute, the artistic director of the Berlin World Cultural Center. Now for the International Cultural Policy Institute Senior Fellow at Hertie School of Governance, Honorary Professor of the Shanghai Theatre Academy.

Dr. Knopp for many years engaged in international cultural exchanges, he studied theology, religion, language and culture of India University, Arabic literature, sociology and political science. In 1974, began his career at the Goethe Institute. 1974-1981 served as the person in charge of cultural exchange of the Goethe Institute in Bombay, Colombo, Jakarta, Singapore Branch. 1986-1991 as the person in charge of the Goethe Institute Headquarters cultural exchange. 1991-1996 served as president of the Goethe Institute in Chicago. 1996-2005 served as the artistic director of the Berlin World Cultural Center. 2005-2012 served as Secretary-General of the German Goethe Institute Headquarters. 2009 Shanghai Theatre Academy awarded an honorary professor, now for the Berlin International Cultural Policy Institute Senior Fellow.

我很自豪现在是上海戏剧学院的一员。目前我主要在上海工作，但以前我在柏林工作。我也参与过柏林的文化创造，我将展示其中的一部分。

我将向您展示一些柏林市在确保公众参与文化方面正在做什么的例子。谈到柏林市正在确保公众参与，我不得不说柏林市有一个不同的方法，柏林艺术家有不同的方法，它是一种自下而上的方法，而不是自上而下的方法。所以你不会在柏林找到这样的说法："这是我们的概念，这是我们的想法，我们灌输这些想法，直到我们的人民和艺术家能自上而下地行动。"我认为，很重要的是这种方法的背景，我将非常简略地谈谈这个。正如前面的发言者指出的，每个城市，每个国家，都有不同的背景，柏林也是如此。我将重点展示一些独立的艺术家、专业人士和年轻的观众能改变结构以保障未来的例子。其中一些例子只在法国经济学家称为莱茵兰经济模型里才有可能，而不是在新自由主义经济里。什么是莱茵兰经济模式？首先，它意味着如奥地利、瑞士、德国、斯堪的纳维亚国家文化由国家支持，但国家不干预文化，而且国家建立基础设施，并为这种基础设施提供保障。其次，艺术的目标非常、非常、非常柏林。我会说，这是"非量化"，我采用这个荷兰乌得勒支大学的研究例子表明总是存在其他可能性。国家必须接受这一点，甚至期望这样。我们国家必须支持艺术和文化，但不允许干涉。艺术和文化对社会的利益是间接的，它不是一个直接的经济利益，这意味着你不能真的靠提供文化去赚钱，去赚很多钱。

在统一以后，柏林在寻找新的身份方面失去了财政支持。你必须想象,柏林是一个冷战的城市,西方和东方相对,文化和艺术需要得到支持,这基本上是柏林的城市身份。突然,柏林没有钱了,那么如何为柏林维持这么多的文化机构?这意味着柏林必须寻找新的身份。在柏林,你不能从上到下强加这样的身份,你不能告诉人们"这是你的新身份",它必须从下往上生长,人们必须创造自己的身份。我刚才提到这一点,这是非常困难的,柏林真的不得不寻找它,哪怕承担困难甚至有时扭曲柏林城的历史。那么,柏林学到了什么?柏林学到的第一件事是,它不再是冷战。但柏林在国际层面而不是国家层面上竞争,这与以前的情况非常不同,寻求自己的身份也意味着它不是一个纽约或伦敦的翻版。虽然有很多人在谈论纽约在做什么,伦敦在做什么。我认为柏林发展自己文化的方式是正确的方式,因为人们来到一个城市是因为它的身份,城市的具体身份。我在地图上告诉你们到世界各主要城市的旅行时间(图1),

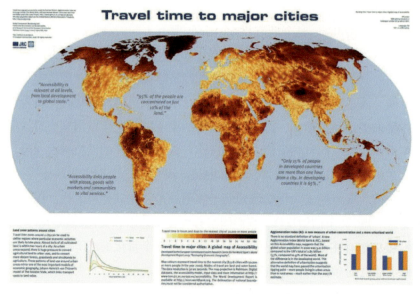

图1 全球游客在世界主要城市的旅行时间

你们会发现有一个全球艺术家流动现象，艺术家会从一个地方转移到另一个地方，观众也会从一个地方转移到另一个地方，当他们在柏林不高兴时，他们会坐廉价航空公司去巴塞罗那，他们就不飞往柏林了。

所以，艺术家在柏林寻找的是城市的具体身份。所有部门、政府和民间社会的公共对话和合作是绝对必要的，在柏林，在所有的例子中都绝对有必要。除了我要展示的一个例外，它是由艺术家而不是政府创造的例子，我认为这很值得注意。在这里，艺术、观众、学校、文化机构和市政府，他们都必须一起工作，他们必须相互倾听，从而创造柏林市的文化身份。我想在一开始就引用贡布里希在，《艺术发展史》（第20版）（我认为这是被读得最多的艺术史之一）里说的，"没有艺术这种东西，只有艺术家"。我认为很值得注意的是，有人创造艺术，有人积极参与艺术。这是我要重点关注的。艺术家正在创造文化，城市需要艺术家，城市必须听艺术家的想法"你需要什么？""你为什么来柏林？""你为什么留在柏林？""你为什么在柏林创作？"这也意味着寻求回答"城市如何培养艺术家？"的问题。艺术家当然意味着观众，特别是未来的观众，青年观众。我们如何让人们和孩子成为观众以及文化的积极参与者？这真的是一个非常非常有趣的问题。我从NZZ报纸取得这个，我们的瑞士同事会知道这是一个非常著名的苏黎世报纸，这个苏黎世报纸有一些言论：为什么人们，为什么艺术家来到柏林？首先这里有便宜的住房。艺术家需要生活，艺术家需要他们的工作室，你们中的一些可能会惊讶，在柏林租一个房子最便宜的是5—6欧元每平方米，这是每10英尺5—6欧元，这是相当便宜的。我会说，你需要一个创意人群的网络在你的周围，你必须与其他艺术家沟通，你必须与不同的人沟通，你必须有专业的支持和商业机会，因为你不能没有商业机会，不能没有政府帮助建立的基础设施。而且你必须有一批对新的艺术和新的发展感兴趣的观众,如果没有观众喜欢新的艺术,欣赏新的发展,我认为艺术家不会留在这里。

我认为在柏林,多样化的国际环境非常非常重要。我会告诉你,你当然需要政府的支持,正如我所说的莱茵兰模式,这意味着国家、政府和柏林市必须用钱支持艺术,没有钱就没有艺术。而且你必须有简单的规则和法规,如果规则和法规很难则意味着你需要帮助,我将向你展示这个例子。你需要轻松的沟通,24小时沟通。我们不再活在一个福特制的社会,在那里,你一天工作8个小时后回家。而我们有24小时的工作,艺术家工作24小时,他们需要24小时的沟通。丹尼尔·李博斯金(世界著名的建筑师)正在柏林建设他的第一个私人住宅,他说得很好,"城市规划和建筑是文化规划的一部分",我认为这非常柏林。我会向你们展示我认为对柏林文化的公众参与非常重要的一些例子。我告诉你们一个很有趣的例子:有个香港投资者,他原来没有打算接管一个综合楼,因为他只是想摧毁它并赚取最多的钱,但他与柏林市政府谈话之后,他保持一切如旧,他还恢复了一些东西。这是一个非常生动的交流和参与文化的地方,如同你在这张图片(图2)上看到的,它基本上是一个画廊。实际上对建筑和公共对话来说,这是一个非常著名的国际画廊,在

图2　柏林的青年旅社

这个地方，人们可以谈论"我们将在柏林做什么？我们如何构建文化？不仅是政府，而是人民，艺术家？"这是许多会议地点之一。当然，它也是新的建筑，也是廉价的建筑，你看到这里一个青年旅舍，而不是一个五星级酒店，这绝对是便宜的。你看到它像阁楼，像工作室，像你可以展示东西的地方，但也是你们可以在一起工作的地方。这里当然也有比较便宜的餐饮区，可供你吃喝。

　　这整个综合楼是许多例子之一，我将向您展示两个更多关于建筑城市规划基础设施的例子。基础设施保证了文化的公众参与，人们在这里见面。这是另一个例子，它非常柏林，你看到一个、两个、三个、四个、五个、六个庭院，实际上它们一个接一个，人们喜欢住在这里，因为它非常非常安静。外面有主要街道，但内部它是绝对安静的，天花板是大约五米高，生活在那里，真的很美丽。这是一个庭院内部的视野，多样化的人群生活在这里，像这样重新生活在彼此旁边，隔壁邻居是土耳其面包店。所以我们有一个多样化的人群，这意味着他们见面，谈话，一起参与创造公共文化。当然住在这样的房子里真的舒服。就在我刚才说话的时候，这个第三个例子已被打开。你看到这里，这是一个巨大的综合楼（图3），柏林很幸运，没有拆除这些老建筑，这些老工厂，而是将这些旧建筑物转变为空间，使创意人群可以生活和工作，与观众一起聚会和参与（图4）。你看到他们正在聚会，这是非常重要的。在另一边有一个小博物馆，一个技术博物馆，在这里你看到它在河上，我会说它不能更美丽。

图3 柏林顺讷瓦尔德城区的工业建筑

图4 柏林顺讷瓦德工业沙龙（Industriesalon Schöneweide）

图5　柏林音乐厅

多样性,当我讨论瑞士报纸的研究前说的多样性,当然我们有这个,柏林有这个。柏林这个地方是音乐之都。图5是一个老建筑,但对柏林城非常非常重要,柏林也有非常小的空间,不同的人去,会播放不同种类音乐,城市必须提供这种结构。城市也必须给项目钱,使人们能运行这种类型的机构或空间,你既有这个非常有名的音乐的基础设施,你也有流行的一面。等一下我会讲它如何推进不同的公众参与。你必须有像大卫·鲍伊(英国著名摇滚歌星,图6)的这些人。

图6　大卫·鲍伊(英国著名摇滚音乐家)

这里有一个很好的例子。

这个地方（图7）是位于维也纳 Erdberg 的 Sofiensäle 历史悠久的城墙，这是在恢复的过程中。现在，它是一个真正被追捧的地方，独立的艺术家可以在这里进行他们的表演。独立的艺术家被邀请到这样的地方，这是人们喜欢到休闲的地方，这是一个与我向你展示过的大地方非常非常不同的地方，你必须有这些地方。两年后，它是新的城堡，它是恢复的新城堡，我不喜欢它，我必须说，但它在那里。你必须有巴伦博伊姆作为指挥，但我们也必须有这些人，这确保公众参与文化，我们有这样的艺术多样性。

图7 位于维也纳 Erdberg 的 Sofiensäle 历史悠久的城墙正在修复

我说的所有这一切都希望得到支持。柏林市的文化预算从1995年的4亿欧元预算，到2015年是10亿欧元，到2017年每年增加10%。因此，有一部分对既定机构和独立艺术家的支持，只在质量和同行监督的基础上进行，不论国籍。这意味着，如果中国艺术家或美国艺术家或芬兰艺术家或非洲艺术家在柏林工作，他将有资格获得来自政府的项目经费。支持艺术家，这意味着生产观众，而且麦肯锡有一个非常有趣的研究，就是城市每花费1欧元支持艺术会带来2欧元的回报。

例如，对独立艺术家和专业年轻音乐家的支持，第一个举措是新的城市税。两年来，我们有一个城市税，这意味着在柏林度过夜晚的每个人每晚要支付少量的城市税，而城市税会用来资助独立艺术家。城市政府通过花钱和提供援助来承认独立艺术团体的重要性。通过花钱和提供帮助，政府机构和独立艺术团体之间密切合作。我将通过这个例子向大家展示这些大型机构如剧院或柏林爱乐乐团，他们与独立的艺术家合作，并且使艺术家获得自由艺术家协会的支持。所以如果他们刚来到柏林，他们不知道城里的规则，他们不知道如何在柏林做生意能得到支持。游客支付的特别城市税可以支持他们，这相当于每年有2 000万欧元是支持独立艺术家的。在柏林的音乐局也是一个新的发明，这是一个例子。城市政府建立一个基础设施，以支持独立的音乐家。这里有一些数字，你可以通过事实和数字来解读首都地区的音乐业务，它取自2012年，它是一个大业务，这实际上是一个柏林未来的业务。

音乐局（图8）是一个政府支持的有限公司，它支持生活和工作在柏林的流行音乐家，不论他们的国籍。音乐局促进音乐家与公众之间的关系和联系，以及音乐产业与个人音乐家之间的社交网络。我认为，尤

图8　柏林音乐局（Musicboard）德国唯一一家以新颖和创造性方式资助流行音乐的机构

其是最后一个是非常非常有趣的。这个音乐局把独立的艺术家与音乐产业聚在一起,使他们真正可以成为柏林经济力量的一部分。但实际上这只是说,柏林在 1995 年是一个贫穷的城市,因为文化它变成一个丰富的城市……它不是一个真正的富有的城市,但它更加丰富,这只是因为文化。音乐局支持个人艺术家长达 6 个月,它是一个独立的专业流行音乐家的董事会,他们决定优秀的创意项目,他们给经验丰富的其他国家艺术家奖学金。我认为这个国际性非常非常重要。例如给你一个具体的例子,它是与艺术家在住宅项目的合作,比如在洛杉矶。有时可以是这种支持,是一个俱乐部的地图,新的音乐家到达柏林可以到俱乐部玩,实际上他们找到一个可以赚钱的空间,俱乐部提供这个地图并帮助联系。

其他还有三个例子。邵宾纳剧院(图 9),我认为在德国是最著名的剧院之一。这里重要的是大机构,成立的机构总是与独立艺术家一起工作,

图 9　德国邵宾纳剧院

并确保公众参与。这里是邵宾纳,那是国际新戏剧节(图10),在这里,如果你简短地阅读这段,有来自阿根廷、比利时、智利、法国、加拿大、英国、以色列、西班牙、瑞士及美国的戏剧。

> **F.I.N.D. 2015**
> Festival of International New Drama
> 17 to 26 April 2015
>
> For several days this spring, as has been the case for the last 14 years, the Schaubühne's entire theatre operation is once again dedicated to new plays by contemporary writers from across the globe. The festival has repeatedly reinvented itself to achieve its goal of presenting our audience with first-time experiences of new productions, texts and performances by internationally renowned theatre makers. This year we are inviting you to ten days of new theatre from Argentina, Belgium, Chile, France/Canada, Great Britain, Israel, Spain, Switzerland and the USA as well as a world premiere from the Schaubühne itself. It is the first time all these productions are being shown in Berlin.
>
> The invited productions assess the current political and social state of the world via the means of theatre. They focus upon the American middle-class, jihadism, the plight of refugees, the dubious practices of Western intelligence agencies, the overthrow of dictatorships and questions about alternative possibilities of participation in political decision making. They use the stage to gauge the relationship of the individual to world affairs and investigate how history can suddenly burst into private lives.
>
> The invited theatre-makers utilise the possibilities of theatre to depict and scrutinise social realities in highly contrasting ways. Ranging from documentary theatre to satirically exaggerated comedy, from lecture performance to realism playing out in real-time, all the productions explore to what extent the individual feels a sense of connection to a greater political whole and where the fault-lines run between people and the system.
>
> We would also like to welcome the theatre students of the »F.I.N.D. plus« workshop programme. With students from Belgium, France, Germany, Italy, Sweden and Tunisia, this year's workshop programme is bigger and more international than ever before.

图10 邵宾纳剧院主办的国际新戏剧节

把当地与国际连接起来总是国际的。将建立的机构与独立艺术家连接起来,我会给你看这个空间,这是由政府为独立艺术家建立的,他们在国内,也在某种意义上在国际。他们在柏林、杜塞尔多夫、法兰克福、苏黎世和维也纳工作,他们在奥地利、瑞士和德国工作,这里的独立艺术家也有机会表现,向公众和其他艺术家展示他们正在做的事情。

这是现在的空间(图11),你可以看到,这是一个舞台的一角。有一个例子实际上我自己参与,我与柏林国际电影节的导演一起发明。正如我前面提到的，瑞士报纸的研究是我们要去国际，正如我向你展示的苏黎世报纸的研究也表明，国际非常，非常重要的是确保公众参与，它特别意味着带来新的想法。

图 11　柏林的艺术家空间

国际意味着什么？在柏林，35%的艺术家没有德国护照，生活在柏林的人中有30%没有德国护照，40%的游客来自德国境外。文化活动必须在当地与全球之间找到这种桥梁。这意味着，正如我在开始所说的，柏林的身份，可能也与外面有非常非常强的连接。政府可以做些什么来确保国际环境？例如政府可以帮助我们的董事去那里的机构，我想我们与伦敦有一个非常好的交流。在图12中，尼尔·麦戈雷格，你看到他在右边，是大英博物馆的馆长，现在是来自德累斯顿的一位德国人，他会来到柏林来领导新的洪堡论坛；在左边你看到安妮米·范纳克尔（Annemarie von），她来自比利时；下来你看到高尔基剧院的女士，她来自土耳其；右侧的巴里·考斯基来自澳大利亚，他是柏林歌剧院的主任，该剧院刚刚在伦敦被选为今年世界上最好的歌剧院。所以，我想告诉你们，这些人如何把新的美学和新的想法从外面带到一个城市，这也确保了人们的参与，因为旧的审美是为某种类型的人，我们称之为资产阶级，他们要看非常成熟的剧院，非常成熟的歌剧。但在这样一个多样的城市，你不能看到它，你必须有新的想法，你必须有新的美学。

图12　多元化和国际化的艺术家

我想向你展示一个莫扎特歌剧《唐璜》这个美丽的例子，它创造了非常非常不同，确保和以前不同的观众。所以，有一些如何培养观众的例子。我认为最好的例子之一是我们称之为博物馆的长夜。在柏林每年两次，所有的博物馆都是夜间开放，入口是免费的，你只需支付这些博物馆之间的交通，它的特别巴士整个晚上将在博物馆之间运行，所以，它虽发明于 1997 年，可以说，现在超过 120 个城市参与这个漫长的博物馆之夜。在下午晚些时候，真正的人群聚集，它会带来从来没有去过博物馆的新观众，他们只是想体验"在夜里我们要去博物馆"这个美妙的经验。你在这里看到一群人的一张照片（图 13），这真的是人们在柏林参与的一个事件，这可以是在夜间两点钟，或在夜间三点钟的一张图片，博物馆都是开放的。

图 13　柏林博物馆长夜活动现场

培养年轻和未来受众的例子，我认为这是真的很重要，你可以翻译，"每个孩子都有乐器"（图 14），如果一个学校里的孩子想要一件乐器，联邦文化基金会为它付钱。为年轻的孩子提供机会学习音乐，然后积极参与文化。我认为这太棒了。这个例子会被带到中国，我被告知，2015 年夏天由北京的文化部支持年轻人做音乐。这意味着全国范围内 20 岁以下的青少年的竞争，它的重点是学校的参与，我认为这是非常重要的。不

确保机会

图14 "每个孩子都有乐器"项目基金

是专业人士,从古典,流行,到 DJ。在区域一级,联邦一级,国家一级,去年我们有 25 000 名参与者。"无边界音乐"是一个小而重要的节日,因为它特别是将移民,新移民融入柏林的城市生活,让他们积极参与文化。在这里,我想告诉你们一个柏林爱乐乐团的例子,我认为这是真的了不起的。英国的瑞斯·穆尔东(Rhys Muldoon),与柏林爱乐乐团的指挥西蒙拉特创造了一个极好的节目,我们有 200 个学生,特别是从普通的学校，从普通的城市角落来的学生来参加跳舞。这不是一个一次性的节目，这个程序创建了其他程序，你可以在这里清楚地看到，这是从一个四年前的节目出来的，学生参加大型机构的活动，大型柏林爱乐乐团的活动，他们成为未来的观众，或者实际上他们已经是现在的观众。

德国剧院系统自 2014 以来是联合国教科文组织的世界遗产，因为它是如此特别。但是，我们能在 10 年内，在 20 年内在财政上获得保障吗？我们不知道，因为它是非常昂贵的，你看到拨给文化的 10 亿欧元是一大笔钱。那么，如果一个城市不创造未来的系统的话，它应该做什么来给予刺激，给予一个平台来思考我们将来如何做到这一点。所以这是另一个进口，这是另一个形式。克里斯·德尔松，这次从英国来，但最初他来自比利时，他是一个比利时策展人，他是一个比利时博物馆馆长。从目前直到 2017 年，他是泰特现代美术馆的馆长，该馆是世界上现当代艺术最大的博物馆。但是，他会来到柏林，他将是这个剧院的总经理，他会带来很多其他人；鲍里斯·夏马兹，他也是一个从比利时来的非常著名的编舞家，还有其他人。当然，市长要求他成为这个剧院的总经理，因为他们认为他可以带来新的和新鲜的想法到德国剧院系统，这是非常昂贵的，新的和新鲜的想法，如何独立工作，如何在国际上工作，我们都希望，当然希望很多，我想德尔松爵士一定会做好工作。

美国文化政策概观

American Cultural Policy-An Overview

◎ 丹尼尔·卡罗尔·乔恩斯
Daniel Carroll Joynes

演讲人简介

丹尼尔·卡罗尔·乔恩斯,美国民意研究中心与芝加哥大学哈里斯公共政策学院高级研究员。2001 年,他参与创办了一个位于政策学院内部、备受全国认可的研究与教学中心——文化政策中心。最新出版作品《打造更好的艺术文化设施:从美国国家研究当中汲取经验教训》(劳特利奇出版社,2015 年)。该书以乔恩斯及其同事在安德鲁·梅隆、约翰·D、凯瑟琳·T.麦克阿瑟以及克里斯基基金会的支持下发起的一次研究活动———成不变(2012 年)作为基础,针对"这一期间,为何如此多的建筑项目最终失败或在发展过程中陷入财务危机,以及哪些因素推动全新设施获得成功"进行深入研究。此次研究调查分析了 1994—2008 年间在美国启动并完成的 800 多个文化建筑项目,这是美国建国以来的第二次文化建设热潮。

乔恩斯博士的重点研究领域包括:非营利性文化机构内部管理、领导与决策;以亚洲和中东为代表,未来 10—12 年总价值将达到约 2 200 亿美元的建筑文化区域内部的巨大发展;以及博物馆为迎合人口、科技和文化发展实现快速转型。除了学术工作,创建政策中心之前兼任芝加哥大学人文学院副院长,乔恩斯还兼任纽贝雷图书馆、法国文化协会和芝加哥歌剧院等众多芝加哥文化机构董事会成员。他还是美国博物馆联盟未来博物馆中心管理委员会成员。目前,他还担任芝加哥(美国)政府改革协会受托人。自 1994 年至今一直在芝加哥大学工作。

Daniel Carroll Joynes is a Senior Research Fellow at the National Opinion Research Center, and the Harris School of Public Policy at the University of Chicago. In 2001, he co-founded the Cultural Policy Center — a nationally recognized research and teaching center at the policy school. His most recent publication is *Building Better Arts Facilities: Lessons from a U.S. National Study*, (Routledge, 2015). The book builds on Set in Stone, (2012) a study Joynes and his colleagues launched with the support of the Andrew Mellon, John D. and Catharine T. MacArthur, and Kresge Foundations. It examines why so many building projects failed or went into financial distress during this period, as well as what factors contributed to the launch of successful new facilities. The study examined more than 800 cultural building projects launched and then completed in the U.S. between 1994-2008, the second great cultural building boom in the U.S. since its founding.

Dr. Joynes' areas of research interest include governance, leadership, and decision-making in not-for-profit cultural organizations; the enormous surge in building cultural districts, zones and quarters, particularly in cities in Asia, and the Middle East, to the tune of around $220 billion in the next 10-12 years; and the rapid transformation of museums in response to demographic, technological and cultural changes. In addition to his academic work and serving as Associate Dean of Humanities at the University before establishing the policy center, he has served on a number of governing boards of cultural institutions in Chicago — the Newberry Library, the Alliance Francaise, and Chicago Opera Theater among others. He also is a member of the governing Council of the Center for the Future of Museums at the American Alliance of Museums. Currently, he also serves as a trustee of the Better Government Association in Chicago.He has been at the University of Chicago since 1994.

今天想跟大家谈的是美国文化政策的转型。我希望这个话题很有意思。我想了解一下它在中国的应用情况。在转型过程当中，我们也遇到一些问题，这些问题很重要，也标志着一个重要的转变——政府角色的转变。在文化空间的提供方面，政府的决策已经发生了很大的变化。

首先，《打造更好的艺术文化设施：从美国国家研究当中汲取经验教训》这本专著主要关于文化设施建造的，美国的这项研究比较全面地研究了美国的建筑潮，耗资250亿美元，有2亿人参加。如果你把它换成中国人口，这个投资将会是1 350亿美元，是非常大的文化基础设施投资，去建立了一些博物馆、剧院等。后来我们也听了一些咨询者的说法，在芝加哥人们遇到了一些压力或者其他，因为这些设施后来变得过于昂贵；我们也听到了一些艺术家的说法，希望这些没有触犯艺术家。

建筑者也非常热情，还有一些托管公司，他们也在监管。他们过于乐观，过于热情，后来成本急速上升，和原先的预算相比上升了300%—400%，给整个机构带来了一些损坏，因为后来资金不够无法支持这些设施的长期运营。为什么会发生这样的情况呢？这是美国的第二次建筑潮；第一次是我前面说到的芝加哥大都市博物馆的建设以及其他文化机构的建设，那是第一波建筑潮。

所有这些建筑项目都是慈善基金资助的，我们后来发现这个规划比较糟糕。它也没有满足当地社区的需求，因为当地社区后来对这些大的项目不感兴趣，有些建筑过于大了。比如洛杉矶的迪士尼卖掉了，花了5 000万美元仅仅是一个停车场，后来董事会成员都被解雇了。最后迪士尼业主的女儿控制了这个项目，成功扭转了局势。对于整个设施运营的成本估计不足，以及对于整个收入过高的估计也是一个问题。而我们有一些富人的捐赠，票务收入的量也不大。美国的模式是不一样的，基本上艺术的资金是非常多元和分散的。

在华盛顿社区有国会图书馆、国家档案馆、肯尼迪艺术中心，国会如果要降低这种资金，哪怕是在华盛顿特区也会受到阻碍。还有另外一个美国政府的资助，要确保一个艺术家从美国到欧洲进行展览，政府会提供运输的资助，没有哪个保险公司愿意提供这种资助，这部分也是纳税者的自助资助。

每年一个人50美分的资助是来自政府，当然还有一些州的资助是非常小的。这是芝加哥，也是我的家乡。这是非营利的艺术组织，这是他们年度的预算，芝加哥的艺术学院7 000万每年；一个剧院6 800万；自然历史馆的预算6 700万美元。在纽约，每年在艺术和文化基础设施方面的花费基本上是32亿美元，而且在这里他们会花10年的时间，用这32亿美元在文化设施和艺术设施方面做很多具体的大项目。

我们整个系统包括在艺术文化在内，这些费用实际上都是来自慈善的支持。好的消息是我们的整个系统非常灵活，鼓励各方的参与，同时保障了公众有知情权及一定的参与权。这些是由公众提供的资助，这个层面上公众有足够的话语权。另外，我们也希望在这个部分我们可以创造一个基于公众的良好参与环境。此外是文化的政策，我们有我们的文化政策，这是一些原则，包括非营利的、包括长期的、免税的，等等。

我们也进行了一些研究，像我的机构和其他的一些机构做了一些研究。在政策研究之后，我们不知道把研究结果发给哪个主管部门，因为我们没有文化部。现在纽约的文化,也有自己不成熟或者需要改进的地方,比如准入入口,包括资助其他需要帮助的入口方面,不是非常平衡,不同的人群得到帮助的可能性不同。另外,这些设施集中度非常高,都是集中在匹兹堡、波士顿、旧金山、洛杉矶等大城市。大城市基本上都是文化活动集中的地方。

而像小型的城市能不能也获得这样的文化设施?这是我们下一步要做的事情,也正在改进之中。在 2008 年金融危机之后,所有的技术都受到了一些影响,很多文化艺术机构因此消失了。它们在经济上没有足够的支持,没有办法度过这样一个比较困难的时期。今天我想说的是,我们有一个新的政策模式。这些都是由慈善机构和国家支持部门共同发起的政策,有更多的人会参与进来,这样的政策模式可以让我们的文化艺术发展和社区发展更加紧密地结合起来。

让一些小型的社区,让一些城市更加宜居,让人们更多地接触到文化艺术,有更多的学习艺术和文化的机会。我不知道应该用什么样的中文词来形容,但是可以用一个词作比喻,我们不需要文化的"孤岛",我们需要把不同的文化艺术连成一个整体,让它们相互进行联系。过去做的很多事情,这些机构没有相互的交流和沟通,都是自己在做自己的事情。感觉上他们所做的每一个项目都是孤岛,相互之间是不联系的,我们需要一个社区让所有人结合在一起,更多了解社区需要什么,艺术项目应该怎么发展。

作为社区,也需要来自这些艺术创造者的回馈,他们需要什么样的艺术,艺术家应该让艺术朝哪个方面发展。在密西西比我们做过一个研究,参与者都说需要一个艺术中心,但是最后他们做了一个 700 万美元的博物馆,而整个社区却不想要博物馆,最后这个博物馆被搁置了下来。这是一个浪费。我们不希望有这样的情况再继续发生,那是灾难性的浪费。我们希望文化是整个社区发展的核心产业,能够在经济和政治等其他方面起到核心的作用。

我们也希望整个社区的人都可以更多地了解他们应该享有的文化项目,我们也希望能够有更多的专业机构介入进来,能够使我们不同的兴趣,不同方向艺术人群的需求,都可以得到满足,这些是非常重要的。

现在有一些艺术家他们在本地或者在整个社区找不到表达的地方,而本地的居民也没有机会欣赏到艺术。接下来,我们要做的一件事情,就是我们要更好地定位文化和艺术。文化和艺术应该成为整个社区规划和发展的核心。接下来要讲的,就是我们要让人更多地参与进来,比如我们整个社会发展合作还有更多的咨询机构,政府还有慈善机构、政策制定者、智库,都可以参与进来。

所有的这些人,他们需要去学习在这个领域如何去沟通,并且可以找到一个很好的办法,能够使用不同的方式和不同的模式发展文化和艺术。因为我们整个系统是有机结合起来的,我们需要一个新模式,真正让他们共同形成一个协同的效应。整个社区的各方都能发展集中进来,作为一个城市,包括多伦多,它们是怎么样使用这样的方式来促进艺术发展的。美国和加拿大这样的发展经过很多波动,在过去5—8年,他们开始重新进行这样的规划——我们要在慈善资金的使用上,改变我们的方式。

我们的政府也需要提供支持,同时我们也希望一个正式政策的制定者——政府机构,也去了解慈善机构是如何运作的,慈善机构也需要了解政府如何运作的。如果大家都不了解对方运作的方式,讨论的时候就会像鸡同鸭讲一下,没有办法真正做出贡献来。

有很多要点我不具体讲了。这里有10个最主要的部分,包括我们认为整个城市发展非常重要的部分,包括食品、住房、医疗、公共安全,等等。有很多非政府组织参与进来,还有慈善机构也参与进来,它们做了一件很重要的事情:把这些人集中起来,了解他们的想法,把这些要点中的一些具体的问题，对于整个城市的发展非常重要的文化都列在一个举证上。我们通过这种方式让文化和这些具体的部分有机结合在一起，比如文化在农业方面有什么帮助。

关于文化和艺术对经济发展所起的作用，有很多想法都是我们过去没有想到的。接下来我们想要做的事情就是在美国做一个10年规划，现在已经完成了其中一个5年，接下来还有5年。同时，在整个国家，我们也会建立起更多来自社区的一些经济资助平台。而且我们也要建立一些园地和领域，进行一些非常复杂的研究；同时也建立一个更好的架构可以让更多的经验教训更好地积累和传递，使整个城市的社区都可以获得这样的信息。包括哪些城市和我们有类似的经验，我们要避免他们曾经有的教训，像这样的一些知识和信息可以获得跟踪和积累，促进未来的发展。

我们希望能够让这些艺术场所让更多人享受到，包括它们如何建立，促进哪个方面的发展。还有，我们需要有更多的经验，对于艺术文化的发展做更多的了解，并且不断地进行测试，要让好的经验复制下来。这都是我们需要关注的部分。

这是一个非常复杂的项目，我们想要让一个城市更好地促进创意和艺术的发展，我们需要更加成熟和更加复杂的支持，比如来自政府或者咨询委员会和社区的帮助；还有我们希望能够去改变一些现有不合理的工作方法，同时还可以建立预期让更多人参与进来；之前相互之间并不联系，并不沟通的人，我们希望让他们有更多的机会进行讨论，共同把文化艺术相关的事业进行得更加成功；同时也需要更加先进的方法去衡量结果，比如一些分析的方法；也需要了解我们的进程是怎么样的。

整个国家都需要这些方面的工作，一些研究机构可以研究一下我们的文化可以为经济发展做什么，为文化发展做什么？哪些发挥了作用，哪些没有发挥作用？我们认为改变过去的期望或者既定的想法非常重要，我们需要一个全面的社区发展。文化和艺术起的作用是非常重要的，不是一个附加的东西，而是在社区发展当中始终贯穿其中的一个部分。

医疗可以很容易建立一个新项目，文化和艺术却必须深深植根于文化发展当中来。

Artscape：打造创意之都

Artscape-Building Creative Capital

◎ 普露·罗彼
Pru Robey

演讲人简介

普露·罗彼,多伦多艺景(Artscape)副总裁兼创意目的地实验室总监。艺景是加拿大一所非营利性的城市发展机构,该机构通过打造文化创意基础设施,为创意发展提供广泛空间,实现社会群体转型。自2009年起,罗彼开始管理 Artscape 创意目的地实验室,负责领导研究、合作关系发展和行业参与过程,旨在构建艺术空间项目愿景与具体案例,同时兼任整个北美地区文化设施发展战略组织团体顾问,为创意目的地建造提供支持。作为一名实践领域专家,罗彼目前是加拿大英属哥伦比亚大学唯一创意目的地课程作者兼导师。

在过去30多年中,罗彼先后在加拿大和英国的艺术、文化创意产业领域担任顾问、研究员、经理、发起人、投资人、决策人及教育工作者。她积极倡导通过艺术与文化改革,影响个人与集体生活。在整个职业生涯期间,她主要从事创新发展工作,通过积极采用各行业部门联合的方式,支持文化产业发展,激活创意经济,促进可持续性城市复兴。

Pru Robey is Toronto Artscape's Vice President and Creative Placemaking Lab Director. Artscape is a Canadian not for profit urban development organization that makes space for creativity and transforms communities through the development of creative and cultural infrastructure. Pru has directed Artscape's Creative Placemaking Lab since 2009, where she has lead the research, partnership development and sector engagement process to build the vision and case for Artscape projects, and has acted as an advisor to organizations and communities across North America on cultural facility development and strategies to support creative placemaking. As an expert in the practice, Pru is the author and teacher of Canada's only university-level course in creative placemaking for the University of British Columbia.

Over more than 30 years Pru has been a consultant, researcher, manager, promoter, funder, policy maker and educator in the arts, culture and creative industries in Canada and the United Kingdom. She is a passionate advocate for the transformative impact of arts and culture on the lives of individuals and communities. Throughout her career, the development of innovative, multi-sector approaches to support cultural sector development, creative economy activation and sustainable urban regeneration has been a centerpiece of her work.

我是多伦多一个组织的副总裁,我们的组织称为"艺景"（Artscape）。我们是这么谈论自己的,我们为创意制造空间、改造社区,我们将创意人聚集在房地产项目中,旨在满足艺术和文化社区的需求,并推进多个公共政策目标,包括私人开发利益、社区邻里的期望和慈善使命。在过去的30年中,我们将城市中的一些地块和建筑组合变成了动态的社区资产,我们的项目赢得了这个城市最具活力和创意的社区的称号。在40万平方英尺的廉价空间里,我们已经开发、而且目前经营着10个艺术设施。近2 500名艺术家和文化工作者在我们的空间中生活或工作,其中包括170个非住宅工作室,150个生活与工作合一的艺术家工作室,160个艺术和文化组织,以及32个不同种类的公共场所。我们的每个项目都是在社会业务基础上运作,它们的设计是自我维持的,而不是依赖于持续的公共补贴。每年只有3%的收入来自多伦多市的公共资金,要使之成为可能,我们必须将大部分资本筹集到项目的新发展中,并限制我们对项目所投入的债务或抵押金额,以便它们能够负担得起并容易获得。因此,收入来自会员、用户费用和我们的社会业务场地业务,还来自低于市场的租金,平均来说,整个组合中平均租金大约是同类市场租金的42%,使艺术家和艺术家组织都能负担得起。

所以我只想很快地展示一些我们的项目（图1）。我们有一个不断增长的组合,我们称之为"社区文化枢纽",这些项目可以购买有计划的大型活动空间,包括个人艺术家的工作室公共空间,供艺术家运行他们的组织和方案以及重要的公共节目的组织空间，还有艺术家及其家庭的工作室兼住宅。因此，这些是公共空间，便于公众参与艺术和文化。你可以看到这里的"艺景韦奇伍德粮仓"，它是我们非常重要的场地之一，它由多伦多公共交通运输管理局维修设施的一个旧工业场地，改造成了一个6万平方英尺的青年项目，变成了社区基础设施的新愿景。这个结合社区、文化和环境的空间有筹划重要活动的艺术家生活空间，艺术家工作室，艺术和环境组织，食品银行，粮食安全组织以及许多其他设施，都聚集在这个非凡的空间。

图1　艺景的项目

这个规模较小，在多伦多海港多彩而美丽的岛上，把一个前公立学校改造成艺术家居所（图2）。我们又有一个社会运营的大型活动设施，如海滩上的婚礼大受欢迎。所有的社会业务场所，我们真正做的是给艺术和非营利社区组织提供廉价的节目空间,用商业活动业务来补贴它。

图2 艺术家居所

这是我们最大的项目"艺景年轻胜地"(图3),一所昔日的学校,一个有百年历史的物业,现在是一个我们能够购买的多样化的空间。它部分通过销售廉价的低于市场价的商业空间来资助资本发展,这是这个项目重要部分的一小部分。这是我们与多伦多社区住房合作开发的一个项目。我们的开发商作为加拿大最大的复兴项目的一部分,振兴了在多伦多市中心100%的被污名化的社会住房社区,把它们变成了一个新的混合收入社区,后来被称为摄政公园。这一个小设施的背后的原则,它植根于摄政公园,但对世界开放。

图 3 艺景年轻胜地

正如我之前所说,我们还拥有一个为艺术家提供的经济适用住房组合,包括廉价所有权。我将在后面详细讨论这一点。我们有一家公司为多伦多市提供社会住房以及低于市场价的经济适用房,这是又一个增长的投资组合。然后第三组是我们所谓的多租户和多用途空间。也许这里最引人注目的是多伦多历史悠久的酿酒区,在那里艺术和文化复兴了 15 年前被遗弃的遗址,把一家过去的酿酒厂,变成了一个主要的北美文化旅游目的地。基于这个地方,我们有一系列艺术家零售工作室和表演艺术组织。

类似于一个名为帕克戴尔的社区的小型项目,这个我很想展示给你们。它是位于国际电影节总部对面,多伦多的心脏娱乐区的一个 6 000 平方英尺的社会企业场所(图 4),它将在 20 年内第一次为在市中心的娱乐区内的艺术、项目和社区组织提供高质量的表演空间。

图 4　艺景的社会企业场所

所以我们从 20 世纪 80 年代作为一个传统的艺术家工作室提供者起步，为艺术家提供用于单一用途的廉价空间，但我们的项目在慢慢变化，我们的产品变得更复杂和多样化。我们从事创意空间制作，我们现在将我们的实践描述为创造性的地点制作，我们的意思是有意利用艺术文化和创新的力量服务于社区的利益，同时推动广泛的增长、改变，以一种在这个地点来建立品格和质量的方式区分创造性地点制作。我们成功项目的特点是关注基于资产的规划，确定和调动当地文化资产和资源，以潜在地实现推动更广泛的社区和经济发展目标。

因此，对我们来说，我们的实践侧重于集群的战略，旨在催化新的创意社区以及现有的创意社区，振兴邻里，使它们在个人项目的不同规模中有影响。我们创造条件，让艺术家在廉价的适宜安全空间茁壮成长，但是这些空间也为创意协作中的网络知识共享提供了平台。当然，这些设施在他们的社区中也发挥了强大的作用，支持更广泛的创意经济，成为创意社区和社区参与文化活动的磁铁。

当然，现在我们都知道艺术家如何被认为是城市复兴的创造者和失败者的故事，他们爬下了被踩踏过的发展的邻里街区，当达到临界点时，高租金把艺术家从他们帮助改变的社区赶出去，创意部门流离失所的整个周期开始了，然后他们就去为另一个市中心社区里的业主、开发商和城市收税人的利益施展魔法。现在这对艺术家不利，它不是为艺术，也对他们被迫离开的社区不利。因此，我们也日益专注于将创意社区锚定在他们帮助改造的社区。在多伦多的一个名为"西皇后以西"的地区，我们已经工作了20多年，确定了一系列项目，这些项目首先在催化从走下坡路的工业社区到加拿大创意艺术实践中心的转型中发挥了重要作用，在一个令人眼花缭乱的、物业价值增加快速的、高档化威胁艺术家流离失所的时代，《伯克》杂志最近把它命名为世界第二最嬉皮士的街道，现在正在创造旨在让艺术家永远负担得起的商业和居住空间的项目。

因此，我们的项目当然植根于艺术和文化，但它们做得更多，它们对于加强经济，建设弹性的和社会包容性社区，以及为环境可持续发展做贡献都同样有用。虽然它们是建筑物，我们是开发者，但它们真的是关于人的项目。

在我们的工作背景下，如果我们要实现更广泛的公共—私人个人和社区利益，与不同利益相关者的伙伴关系合作是有效的。因此，我们从一开始就在地方社区让当地社区和利益相关者参与建立我们的项目。事实是，我们的项目确保了他们的财务可持续性和他们的公共支持，因为我们确保一个不断扩大的公民合作伙伴和利益相关者的圈子从一开始就参与该项目，并帮助建立共享的项目愿景。我知道这听起来有些令人难以置信，但我们经常没有任何钱就开始我们的项目，但通过建立共同的愿景，我们能够继续这些复杂的项目。

因此，我们认为自己是一个中介，代理交易和促进关系，调整不同利益相关者的需求和利益。我们认为这是一个想法的一部分，一个关于建立对于我们的项目非常重要的共享价值观的叙述。经济学家迈克尔·波特（Michael Porter）认为提高公司竞争力能同时提高公司的运营所在地的社区经济和社会条件的想法，对我们来说是一个非常重要的概念，它使我们思考如何让私营部门，特别是房地产开发行业参与有意义的合作，创造新的文化基础设施。

现在，共享价值观的概念也是一个有用的视角，可以通过它来理解我们与其他关键合作伙伴的合作。我们非常认真地承担社区管理和参与我们的空间发展和运营业务。我们的目标是开发项目，有意义地反映社区的愿望和他们自己对文化和文化活动的定义。尤其是在我们的社区文化中心，意味着开发吸引当地艺术家参与和影响当地文化的节目制作和策展过程。我们还想获得这些艺术家带给我们社区的令人难以置信的价值，并确保他们分享他们帮助创造的价值。

我们相当热衷于此，我们相信艺术家可以为我们城市的负面问题带来新的想法，他们可以为难以解答的问题提出新的解决方案，释放个人和社区的声音、愿望、技能、信心、自豪感，帮助我们知道我们是谁。当然，那些直接和溢出经济优势可能是巨大的。

我们尝试做的是授权艺术家作为社区的变革者，而不是简单地与他们在城市更新的过程中合作。这影响了我们如何设计我们的空间，为他们创造条件使他们创造性地发展，而且我们如何照料我们的项目，寻求可以看到自己的项目在该社区的愿景，并希望服务于这个愿景，并可以显示我们将如何服务于这个愿景的艺术家和组织。当然，通过推进从我们的工作流出的多个公共项目，我们已经能够让各级政府参与。最引人注目的是，将我们的城市政府作为我们的项目合作伙伴。因为我们能够识别一个想法与你共享，不论社区振兴、可持续经济发展、经济适用住房、创意经济激活，这些都属于我们能够获得市政广泛支持的公共政策议程。

所以我知道这听起来有点理论化，所以作为演讲的结尾，我想告诉你3个项目的故事，以不同的方式展示我们创造性地点制作的方法和在不同的利益相关者之间建立共同的价值的这个概念。所以，你记得刚才我提到了地球上第二个最酷的社区的名字吗？它叫"艺景西皇后以西"。我要告诉你一个名为"艺景部落锁"的项目，这是我们的第一个项目，为艺术家提供低于市场价格的生活—工作公寓，旨在面临快速高档化的地区锚定一个创意社区。重新划分原来的工业区，数以百计的艺术家把它占用为仓库工作室，但21世纪最初10年的中期，开发商被允许在此开发大规模的住宅。居民恐怕他们的社区的性质将永远改变，住宅开发商对居民的痛苦斗争也随之而来；艺术家社群面临失去工作和生活空间，而城市在艺术家流离失所和失去就业的情况下也抵制开发建议。

你可以从这张幻灯片看到，这是一个社区，他们面对大规模的密集化公寓开发。在这种环境下，"艺景"能够促成一项交易，在三角区中创造70个单位的廉价生活—工作空间（图5）。城市同意降低开发商的额外高度和密度，作为回报，我们以开发成本购买70个单位。这种重大的折价允许"艺景"以低于市场价格提供单位，并且由于资产的价值能获得贷款。为了将这些单位永久地保持在这个地区的艺术家能够承受的价格，单位只能通过"艺景"出售和再售给合格的艺术家和文化工作者。以25%的抵押贷款的形式，我们保留了所有单位25%的股权，这有效地给我们购买空间的艺术家25%的免息费用，所以它降低了25%的成本。所以这保留了社区里经济实惠的空间，也允许艺术家开始建立一些资产。这笔交易允许开发商获得他们寻求的高度和密度，社区里很多人不再焦

图 5　三角区创意社区

虑，城市很高兴，因为它不会看到专门用于在三角区就业的土地的净损失。所以这真的是一个关于锚定创意社区和建立共享价值的项目。在创意社区，我们现在拥有 48 个所有权公寓，20 个廉价的出租公寓和 1 个公共画廊。

在多伦多一个非常不同的地区，这个社区叫威斯汀，远离市中心核心区域。它是一个在社会和经济上被挑战的社区，由社会廉价公寓塔楼所主导。它被认为是抵达城市的新移民的登陆地。它有极高的青年失业率和低收入家庭水平。2012 年，该市主要开发公司的一次会议结论是，作为一个部门，他们不太可能推测威斯汀的发展和振兴。现在"艺景"自 2012 年以来一直在这个社区工作，我们进行可行性研究，以探索一个社区文化中心将怎样在振兴这个社区中发挥作用。我们正在开发这个项目。我们的硬项目是通过我们自己、开发商与城市之间的创新伙伴关系使其成为可能，它在一个更大的复兴计划的背景下促进了一个社区文化中心的发展，吸引新的投资，给社区一些活动，改善城市联系，创造一个有吸引力的公共空间，并重新使用空置的财产。这项发展涉及出售和振兴城市所拥有的停车场，将该公共资产转为这种用途是该交易的一个关键组成部分。

我们将开发的社区文化中心中将有一个公共社区文化中心，我已经描述过，我们将给艺术家和他们的家庭26个生活—工作单位，在这个社区留下一群创意人并创造一个户外活动空间。毗邻现场，开发商将开发一个新的市场塔楼，其中有315个单位。为了给社区文化中心融资，城市创造了新的先例，转移政府从出售公共土地的项目中的收费和收益，并积极促进了交易，提供了一些经济适用的住房投资，因为它被视为"振兴该地区的重要，必需的一步"。对于开发商来说，项目创造了一个入门的机会，将在一个适当的时候看到发展的领域。他们可以帮助塑造这种叙事，建立社区信任，他们会期望支付这些费用，而这些钱转移到一个创造性的文化中心的事实将有利于他们的优势。社区希望看到艺术和文化引领社区复兴的愿望已经实现，我们认为这开创了我们如何在市中心核心以外开发新型催化创意基础设施的先例。所以这是一个真正通过创造性的地点制作的项目，通过建立共享的价值观叙述将允许社区的愿景实现。

所以最后，讲一个不那么快乐的故事，但我认为，从中我们可以学习一些教训。这是一个"艺景"以前的物业，称为"艺景自由村"。在20世纪80年代和90年代，内城制造业在多伦多急剧下降，在一个称为"自由村"的地区有多个被遗弃的仓库。它成为艺术家和文化协会在非住宅用地非法建立工作室—住宅的理想场所，这个非正式的艺术社区成长为数百人。1991年，"艺景"在大西洋大道60号开了这个项目，这是从多伦多市以一个非常便宜的价格长期协议租赁下来的。这是一个经典的艺术家工作室综合楼，有主要被48个视觉艺术家租赁下来的廉价工作室。

接着，你知道那里发生了什么？随着时间的推移，这个社区的艺术家已经被整个社区的高房租居民所取代，搬进来的人大多数都在创意产业部门工作，事实上今天在加拿大自由村拥有最密集的创意产业就业人员。虽然今天你看到"艺景自由村"项目在地图上属于艺术社区，20年后它确实被描述为村里廉价艺术空间的最后堡垒。虽然，今天自由村继续繁荣，但坦率地说，那里不再是艺术的家。我们以前的地点已经被多伦多"四边形"这个精彩的公司漂亮地升级，现在是一个商业市场空间，租金高达每平方尺45加元。开发商从多伦多市购买这个地方以后，社区已经被拖垮，并且已经失去了许多当初使它对那些创意产业初创企业和总部的吸引力，许多创意企业都开始离开该地区。所以这不是一个不寻常的故事，是吗？但对我们来说，我们的问题是，为什么我们不能找到一种方法来保留和更新我们的项目。保持艺术作为创意产业园区的有机组合，以及更远的快速发展的居住区的一部分。

  为什么没有抗议？为什么不引起媒体关注？为什么不引起政府和社区对损失这个项目的焦虑？我想答案是，"艺景自由村"在为艺术家提供一个重要空间的同时，没有公共存在。它在社区里没有承担公共的角色，是封闭和安静的，不开放和繁忙。艺术家来了，关闭他们的工作室门，存储他们的材料，并安静地离开。如果你把一群艺术家聚在一起，让他们自动产生化学反应的想法明显被证伪了。没有广阔的视野，没有社区参与，也没有社区治理。也许如果事情不同，社群会争取支持和倡导项目的生存。也许当地的创意企业会表达他们的震惊，因为一个重要的合作伙伴失去了。也许，处置多伦多市中心的少数公共所有的地点之一，将干预一种创新的社会采购过程，如我刚才描述的，在威斯汀发生的事情。也许最重要的是，自由村会保留一点点的细致肌理，就是当初促使其振兴的真正的创造性特点。

  所以这是一个在世界上第二酷的社区"西皇后以西"的壁画，它说"你已经改变"(图6)。所以,是的,地方改变了,在"艺景"我们的创造性的地点制造的实践是基于改变的想法。但在我们城市复杂演变的背景下,我们相信,我们需要智慧和参与,并将我们自己看作是一个社区中介和合作伙伴,一个连接器和与多样化的城市合作伙伴的召集人,以确保创造性的地点制造的好处由整个社会共享。

图6 壁画"你已经改变"

创建适于文化娱乐的公共共享空间：源自纽约总督岛的经验

Creating Shared Public Spaces for Culture and Play: Lessons Learned from Governor's Island, New York City

◎ 莱斯利·科赫
Leslie Koch

演讲人简介

莱斯利·科赫,纽约总督岛信托基金会主席。总督岛是纽约港一个占地面积为172英亩的岛屿。科赫主要负责信托基金会所有的该岛150英亩土地规划、重建和持续管理经营。自2006年至今,总督岛在科赫的领导下已由废弃的军事基地成功转型成为一个充满动感活力的公共空间,每年吸引成千上万名游客前来观光,同时覆盖一系列多元化艺术和文化项目。科赫负责监管3亿美元资金项目,用于园区40英亩扩建,推动小岛基础设施全面进入21世纪。作为公认的公私合作领域领导者,科赫积极吸引全新租户入驻,帮助该岛关键转型项目Hills获得广泛支持。其领导能力获得美国建筑师学会和城市艺术协会等组织机构的高度认可。

加入信托基金会前,科赫曾任公立学校基金会(隶属于纽约市教育部门的一所非营利性机构)CEO。在科赫管理期间,教育领域公众参与度不断提高,并且成功获得1.6亿美元私营部门资金支持。

科赫曾任微软高管。纽约市人,耶鲁大学优秀文学学士,耶鲁大学管理学院企业管理学硕士。

Leslie Koch, president of The Governor's Island Trust in New York. Governor's Island is a 172 acre island in New York Harbor. Ms. Koch is responsible for the planning, redevelopment and on-going operation of the 150 acres of the Island owned by The Trust. Under her direction since 2006, Governor's Island has been transformed from an abandoned military base into a vibrant public space, welcoming hundreds of thousands of seasonal visitors and a diverse array of arts and cultural programs. Ms. Koch oversees an ambitious $300 million capital program which is adding 40 new acres of park and bringing the Island's infrastructure into the 21st century. Ms. Koch is considered a leader in public-private partnerships, attracting new tenants and philanthropic support for the Hills, the centerpiece of the Island's transformation. Her leadership has received recognition from such organizations as the American Institute of Architects and the Municipal Art Society, among others.

Prior to The Trust, Ms. Koch was the CEO of the Fund for Public Schools, the nonprofit organization affiliated with the New York City Department of Education. She increased public participation in education and secured nearly $160 million in private sector support.

Ms. Koch previously was an executive at Microsoft. A native New Yorker, she received a BA summa cum laude from Yale College and a MPPM from the Yale School of Management.

我来自纽约，人人都知道纽约，但我所运营的场地大家可能不太了解，所以我要先介绍一下总督岛。首先我想阐释一下关于公共文化这个词的释义，我们在美国并不常用这个词，这次论坛让我了解这个词，因为我们在总督岛上面就是创造这样的公共空间、公共文化，让我们的公民体验这样的公共空间文化，创建共享的公共空间文化是我今天演讲的主题。我会跟大家分享一些我们的经验，这在纽约是非常独特的。

首先我要介绍一下总督岛的一些基本信息，这是在纽约港占地70公顷的岛屿，距曼哈顿南端700多米，距布鲁克林300多米。过去你只能乘船到这个岛上，没有地铁或者出租车可以到那里。在2005年的时候首次向公众开放。2003年61公顷的土地移交给纽约，由总督岛的信托机构管理，我担任信托基金总裁；岛上有一个绿色的区域，这其余9公顷划为国家纪念碑，由国家公共机构管理；北部是一个历史区域。依据美国公共财产的保护法，这个地方得到了完全的保护，一些房子、树木都受到保护，但是都是空置的，因为这原先是一个军事基地，10年之前转交的。13万平方公里是空置的区域，52处建筑都是空置的。岛的南部当然不是受到保护法保护的。我开始接手的时候那里是非常平淡的，没有什么特点，主要是土地填埋的区域。政府把它转交给纽约人民的时候，希望那里建造一个新的公园，就是这个绿色的区域，也允许我们做一些新的开发。那个地方很多都是破败的建筑，老化的设施，之前你在总督岛（图1）上喝当地的水是不安全的。2006年我担任这个项目的负责人，首先面对的是经济上的挑战。这是纽约人民拥有的房地产,如何让它充满活力?我的工作非常困难:首先我们无法建造住宅。另外我们也不能够建造赌场,虽然这从商业角度上非常好。我们后来考虑是不是还有其他的用途?前面已经说过,它是有限开放的,我们要把它作为公共的用途吸引公众。你要坐船才可以到那里去,那个地方也没有什么东西,所以,我们要创造一些非常有意思的活动,让大家对此感兴趣。

图1　总督岛

纽约市有很多公园和基础机构,可以在这个城市做很多事情。我们举办一些活动吸引人们来,有一些空间让公众可以使用,它是人人都希望去的地方,一旦人们都希望去了,开发商就会过来,政治家也会过来。岛上没有人居住,没有投票者和选民,所以我们需要公共的投资。要吸引公共投资就需要有良好的知名度,只有有了知名度,政治家才会追随而来关注这里,我们要关注活动而不是整体的规划。我们的决定是我们不是进行总体规划的投资，关键是我们要把这个地方变得充满活力，目的是把总督岛融入我们的地图。如果你去纽约的话，在任何地图上都不会看到总督岛。

在纽约，哪怕我们离开自由女神很近，但总督岛并没有存在于纽约人的心中。我们有一个开放的邀请，如果你想创造文化的项目，我们可以提供你免费的空间，还有绿色的草地，你可以来这里创造任何文化。在2006年我们刚刚开始的时候，人们对文化的定义和现在是不一样的，我们也可以讨论一下这个定义。文化的定义是什么？公园的定义是什么？在美国，文化就是在"盒子"里，在一个建筑里，比如林肯中心是1962年建成的，这是在"盒子"当中的文化。大都市博物馆在1910年建立，佛罗里达演艺中心在7年之前建立，文化就是在一个建筑里面，是在"盒子"里，并不是在室外。文化是名人的，他们坐在那里鼓掌、观赏，他们就是一个被动的接受者，或者到艺术馆、美术馆，他们就是看墙上挂了的东西，这就是传统的文化。另外，文化也需要观众，比如有的时候你需要一个入场券，对很多人来说，人们创造了文化机构的领导者，他们到房子里面来，他们今天下午要看场戏；我也听说这里有一个展览，我要来看一下。

所以他们并不是随机的自发产生的，而是事先有这样的预期。在我们国家，公园的作用是什么？纽约有很多公园。公园被用于被动的娱乐，坐在那里很安静，这是中央公园的草地；还有主动的娱乐、运动。年轻人喜欢的足球，你和公园的负责人或者公共人员进行交流，人们认为公园就是草地、树。人们安静地坐在那里、散散步，或者进行体育运动。偶尔人们可以进行一些基于公园的活动，在纽约中央公园每年都有这样的莎士比亚艺术节。对于纽约的这些公众，他们对文化的定义更加广泛，对文化的体验更加深远。我们在美国进行了这样的调研，叫做文化的调研。我们也进行了采访，采访了很多人，我们问他们什么是文化，他们有各种不同的定义,他们对文化的定义更加广泛,和传统不一样。那对于总督岛来说文化到底意味着什么?

在纽约市中心,我认为这个体验和美国的大趋势是一致的,更多是寻找非正式的体验。文化应当在任何时候,任何场所都能发生,他们能够和他们的朋友一起共享。在这个研究当中我们发现,年轻人他们更加认为文化是一种很好的放松剂,所以文化应该是开放性的东西,我们应该有开放性的思维来思考文化。

上海也让我想到,总督岛应该是一个开放的平台,文化是一切。对美国公众来说,美国文化就是一切。这是一张图(图2),看上去他们在草地上玩,但这其实是一个艺术家做的一个艺术品,是一个树房,就是玩耍的地方,小孩子和大人都可以玩。爵士,也是文化的一部分。这并不是在爵士俱乐部,而是不同的空间。这是一个室外的爵士音乐会(图3),背景就是纽约的天际线;也是一个电子舞蹈音乐。你和听众进行沟通,他

图2　树房——装置艺术也是玩耍空间

图3　户外爵士音乐会

们对文化其实不感兴趣,是盈利还是博物馆他们并不在乎,他们就是看一下手机,看看星期六晚上吃什么好。

这是在总督岛户外的电子舞蹈音乐体验(图4),这就是美国的文化。如果你有21岁的小孩,他们参加过这样的音乐现场,他们就知道什么是文化,什么是新的文化定义。这就是室外,在室外可以体验到这种乐趣,文化也包括文化的艺术装置。上海有很多文化艺术装置,非常美丽的博物馆,旧的建筑也可以化腐朽为神奇成为艺术装置。这个艺术装置就是教堂里面的(图5),1905年的古老教堂里面漆黑一团,但是现在带来一些灯光,黑暗当中有一束灯光打下来,来参观的有一些小孩和大人,大人的人数要比小孩更多。

这是一个非洲的鼓节(图6)。今年早些时候人们谈到他们既是生产者也是消费者,他们叫生产消费者。在我们的岛上任何人都可以创造这个文化。这是一个非常好的舞蹈表演(图7),和前面在黑暗当中的雕塑

图4　户外电子音乐会

图5　教堂里的装置艺术

图 6　非洲鼓节

图 7　舞蹈表演

投影是非常有共同点的,这其实是一个过去表演的重新翻排,一个先锋文化机构在一个破败的教堂里面表演了这出戏。

文化也包括剧院。这是在一个安静的剧院当中做的一个互动项目,描述的是股票交易所的情况,这里我们可以看到每个人都有自己的故事,我也是其中之一,而且他们都是来自这个城市的不同剧团。这个新闻甚至上了《纽约时报》。还有一些雕塑,这个是在我们的港口对面海滩上的一个非常现代的雕塑,对面的风景也非常好。还有食物,我相信食物是最好的表达文化特点的事物,我们在这里有美食节,是整个岛上最流行的活动之一,同时也是一种庆祝。我相信食物,食品可以作为一个文化非常重要的传承要素。文化本身都是非常平易近人的,这个雕塑你甚至可以自己去摸。我见过这个雕塑的创造者,每个星期我们都会在艺术实验室进行工作。使用社区媒体带来的推广效果会更好,好处就在于他们不需要去博物馆也可以近距离的接触这些雕塑艺术作品。这是另外一个项目,这个项目是用塑料瓶做的一个雕塑(图8),里面每个部分都是可回收的。这对于公众来说非常非常流行的项目,人们可以去抚摸,可以

图8 塑料瓶做的雕塑

去玩，可以碰触它。

这是另外一个我们可以接触的艺术（图9），这个可以成为人们一个游弋的工具，可以成为小朋友玩的工具。他们可以把自己的手吊在上面玩，很有意思。一个6岁的小孩，如果他爸爸说这个东西可以爬，他就会去爬；如果家人说你不要爬，看看就好了，这个装置就没有意义了。

图9 可接触的艺术

在这里你可以举办很多活动，比如人们可以在这里野餐，也可以举办一个露天的生日会，还可以进行小憩。这会让艺术离人们非常近。

还有一个项目是为了纪念因为艾滋病而死亡的病患，人们也许会在这上面看到他们认识的人，或者亲人的名字。这个活动是为了纪念那些死去的艾滋病患者。

艺术可以用更亲近人且非正式的方式来进行。这是我们另外的一个项目（图10），这是在一个剧院的附近，这样的一个建筑旁边的雕塑可以让人更亲近，并且更容易和艺术作品巧遇。我们身边可以有很多这样的艺术作品，甚至你不需要经过训练，或者得到关于这些艺术作品的事先介绍，也能够欣赏它。在你去听音乐会、看现代艺术展的路上，你可以看到这个作品，你可以不花任何钱获得知识和艺术的享受。

图10　建筑旁边的雕塑

我们也相信艺术和儿童的玩耍是密不可分的，我们在这些地方都设立了操场和儿童游玩的场所。在纽约、上海这样的大城市，给孩子提供户外场地是非常不容易的。除了我们的体育运动之外，还有其他一些免费的项目，在这些项目里孩子可以和这些专业的艺术家坐在一起做一些艺术作品。他们中间有的3岁，也有7岁的，他们坐在这里可以做一个自行车，也许可以做一个泥人，他们可以和父母一起玩，这是非常吸引人的一点。

这是我们鼓励大人去玩的（图11），这都是一些成年人，他们在孩子用的游艺设施上玩。在美国，一个大人要是不带孩子去儿童游乐场玩儿童游乐设施是不合法的事情，但是我们相信大人也有这样的需求，我们做了这样的设施让成年人也可以玩。我们把这些东西免费放在广场上，所以超过12岁的大人都可以玩这些东西。这是音乐演奏，还有各种不同的演出。

图11　大人玩的游艺设施

作为总督岛的文化创作的一部分，我们坚信任何人都可以成为文化的创造者，我们开展了一系列活动。这个图（图12）我在美国用了很多次，你在这个图上很难看到具体一些活动的预算，因为他们非常多样化，有一些可能在一个小村庄或者小社区，但是他们都是多样化的文化类型。例如，有一个甲壳虫车的活动，甲壳虫的车主把他们的车都开到这里，参加一个集会或者行为艺术的活动。还有其他的一些，例如各种不同的音乐流派,朋克或者其他的一些艺术,这些你都可以找到和你同样感兴趣的人,一起分享你们的激情。

图 12　文创活动

这种多样化的艺术形式,可以让更多人参与进来。这是一个用纸板做的船,每个人都可以参与这个活动(图 13)。这是舞蹈活动(图 14),每个人都可以在这里跳舞,这也是我们岛上的活动。我们开了一个新公园,大家觉得这是非常美的一个地方,在这个新公园里面,我们可不可以在这里跳舞呢?最后我们就建立了一个公众在这里跳广场舞的项目。无论是艺术家还是观众都可以成为艺术和表演的一部分,无论他们是 6 岁或者 60 岁都可以在这里。

我们有一个举办了 10 年的活动,就是爵士派对(图 15),你可以看到有很多人穿的衣服都是 20 世纪 20 年代的衣服;还有音乐,这些音乐都

图 13　划纸板船活动

图 14　公园舞蹈项目

图 15　爵士派对

是20世纪20年代的爵士乐;跳舞的人其实互相不认识,很多人都是这样。这是纽约非常阳光明媚的一天,人们从地铁出来就可以看到很多人穿着20年代的衣服,就会成为整个爵士音乐节的一部分。我忘记这是一个什么活动了,这也是一个小孩子在总督岛上进行的一个活动,好像是一个踩高跷的活动(图16)。

这是另外一个大家一起做瑜伽的活动(图17)。文化本身也是社交性的,这一点是我们必须要了解的。人们去体验文化的时候,很希望和他们的朋友,和他们的亲人一起去体验,他们希望能够分享,而不是自己买张票就去博物馆,

图 16　踩高跷活动

创建适于文化娱乐的公共共享空间：源自纽约总督岛的经验

图17　公园瑜伽

他们希望让文化的享受和欣赏变成一个社交的体验，希望能够和朋友一起来做这件事情。大人也是如此，他们也很高兴和陌生人一起。这是我们的一个快闪活动（图18），这些人互相都不认识，他们都是从不同的地方来到这里，参加这么一个快闪的活动。这是树屋的活动（图19），这里有小孩子玩的树屋，有很多人互相并不认识，他们是和自己的家人和朋友来到这里。他们都坐在树屋上，因为这是一个对公众开放的设施，他们虽然互相不认识，但是聚集在一起很开心。

我们现在的城市受到污染，噪音很严重，怎么让城市有空间可以放松一下，安静的待一会儿呢？这是我们的公园，我们的新公园对面就可以看到自由女神像，风景是非常美的。还有其他的景观，可以让人们在城市生活当中暂时缓解压力。这是歌剧院，在歌剧院外面，我们也设立了这样的空间。本来我们建立了这样的一个建筑，我们的规划师想到城

图 18　快闪活动

图 19　树屋活动

市里面美好的夏天时间非常短,而且人们非常希望享受阳光,就设立了这样的环境,让人们可以在这里晒太阳。这几乎是完全改变了人们对于歌剧的印象,觉得它更加的亲民。

这是我们的理念,"由纽约人创建,为纽约人创建"。我们的组织为它进行策展、架构的搭建,很多项目都可以和纽约其他的人进行分享,我们相信纽约可以成为一个艺术和表演共享的空间。

数字化的期许与公共文化的拓展

The Promise of Digital and the Expansion of Public Culture

◎ 康 岚
Conor Koche

演讲人简介

康岚，计算机科学家，文化创意产业技术与数字专家，拥有超过 14 年的资深经验。现在香港和上海地区任英国 BOP 文化创意产业咨询公司中国区副总裁，Fieldwork 总裁兼联合创始人。

康岚曾任伦敦圆屋剧院广播与新媒体负责人，荣获 2011—2012 年度科洛领导力项目内斯塔奖学金。他为圆屋剧院工作室专门设计技术基础设施（重大创新组成部分之一），就备受赞誉的圆屋剧院广播节目和圆屋剧院广播与谷歌进行商业合作磋商谈判并与之达成播送协议。现任创意产业研究发展股权众筹集团——Culture Crowd 联合创始人，国际技术与艺术活动 Alpha-Ville 董事会成员，Lumen Prize 奖项国际评选委员会成员，慈善机构 Cardboard Citizens 数字顾问。近期参与项目包括：为中国跨境股权众筹提供分析意见，参与并主导开展中国境内用于英国外交联邦事务部开展研究工作的可持续性文化基础设施，为亚洲艺术文献库提供数字与技术基础设施战略建议，开展英国 The Space 内部领导型数字艺术创新尝试评估工作，以及为香港西九龙文化区设计数字内容规划策略。

Conor Roche is a computer scientist with over fourteen years of experience working as a technology and digital specialist in the culture and creative industries. He is currently based in Hong Kong and Shanghai as Associate Director at BOP Consulting in China, and Director and Co-Founder of Fieldwork.

Previously Conor was the Head of Broadcast and New Media at the Roundhouse, London and awarded a Nesta Fellowship as part of the Clore Leadership Programme 2011/12. He designed the technology infrastructure for the Roundhouse Studios as part of its major renovation, negotiated a commercial partnership and distribution deal with Google for the award-winning Roundhouse's broadcast programme and Roundhouse Radio. He is a co-founder of Culture Crowd, an equity crowdfunding for the creative industries research and lobbing group, a board member of Alpha-Ville the international arts and technology festival, a member of the Lumen Prize international selection committee and digital advisor to the charity Cardboard Citizens. His recent projects include a China crossboarder equity crowdfunding analysis, a sustainable cultural infrastructure in China research for the UK Foreign Commonwealth Office, advising the digital and technology infrastructure strategy for the Asia Art Archive, evaluation of a leading digital arts initiative in the UK The Space, and devising digital and content programming strategy for the West Kowloon Cultural District in Hong Kong.

我是一名计算机科学家,同时也作为一名半专业的音乐家在伦敦过着入不敷出的生活。为了维持生计,我在几年前创立了一个数字广播部门。我现在居住在上海,之前先后在香港西九文化区和其他一些香港的项目中工作过几年。我和我的家人一年半前来到上海,作为一个目前生活在上海的居住者,我对于中国城市的发展速度可以说是深有体会的。我在BOP就促进中国的国际化创新商业模式担任顾问,探索在中国国内发展更多文化创意产业的创新型合作机遇。我尤其关注通过创新型机遇,数字化如何促进合作。

在很多中国以及全球城市化的讨论中,经济、环境以及基础设施建设是主导因素,文化通常被列为次要因素,而数字则往往是改善公共交通或电子商务的一种方式。我本次演讲的主旨,便是提出一个在文化产业中运用数字的设想,以促进更具包容性和更广阔的公共文化,从而达成通过数字来扩大公共文化的目的。

数字的前景以及公共文化的扩展,这是一个非常大的话题,也是一个现在已经不再新鲜的话题。它取决于你说话的对象,因为数字化和数字化的颠覆作用已然成为一把双刃剑。从积极的角度来看,技术和数字平台使更多的文化为人们所了解,并且文化创意产业也为全球经济做出了越来越大的贡献。然而另一方面,据统计,文化产业领域的工作者正在减少,所以,数字化的前景依然是有待讨论的。

今天,我想提出人们没有意识到的文化扩展其数字化前景的三个聚焦点,分别为:年轻一代引导的创新(图1);打破物理环境的展示,而不仅限于以往存在于某一实际的特定空间中的呈现;一套可共享数字化文化的基础设施。

图1 由青年人带动创新

一、由青年人带动创新

关于第一点——年轻一代引导的创新,在美国,最近的就业数据显示艺术及文化方面就业率逐渐降低:在2007年,参与创意艺术活动的工作人数为52万人;到2012年,这一数字降至47万人,几乎下降了10%。第二,与此同时,数字化领域的就业率持续上升。以英国为例,数字行业的就业率在5年内的增长预计将超过5%,尽管我不清楚具体数字,但我认为中国的增长率要远高于欧洲,甚至美国。那么文化产业在未来文化工作者的培养中将扮演什么样的角色？同时，它又将为文化工作者从事数字化职业做好什么样的准备？它在为年轻人、年轻企业家、年轻的创意人士从事数字化工作提供技能时，又能起到什么样的作用？

我的建议是，把年轻人、年轻的创意人士放在数字战略的核心，为年轻人开发具有实际意义的创意学习计划。未来的文化产业，也许会有更多的实践人员，他们在文化和数字化相结合的产业当中进行合作，在创造的过程当中，掌握的技能不再是传统的技能，而是数字化专业的技能。年轻人作主的数字化，很显著的特点就是艺术家的年轻化，这些年轻人将会有更多的工具和渠道，表达自己的创意和显示自己的潜力，而且有越来越多的年轻人对于数字化的艺术行业发展做出更多的努力，产生更多的影响。我们也希望有更多的机构，可以作为一个集数字化、创意和创意企业家为一体的孵化器，帮助这些年轻人，在这样的过程当中比较顺利地发展，所以文化的机构将会成为年轻人实现他们创造潜力的重要孵化器。

举个例子，怎么样实现这样一个孵化器的功能？伦敦有一个圆屋剧场（图2），10年前开始建设，现在已经发展成为一个非常漂亮、非常吸引人的景观，而且周边的人都非常富裕。这个圆屋剧场的宗旨是让年轻人展示潜力，让年轻人决定他们怎么发展，也有很多人来到这里寻找投资和培养的机会。在这里有非常多的年轻艺术家，也有很多当代的艺术表演。这是一个当代艺术空间，我们聚集的焦点是当代艺术、当代美术、当代戏剧以及音乐等，当然也有线下的数码、数字音乐节目。它现在非常成功，目前已经是英国一个具有标志性的公共艺术空间，整个设计将为年轻人提供更多职业发展的机会。

图2 英国圆屋剧场

二、打破物理环境

如何为更多新一代观众提供全市范围内的文化体验？我们不能把自己限制在房屋之内。当然在英国有非常多美丽的历史建筑,中国也是如此,在过去10年甚至不到10年间,可能四五年里就有4 000多家新的艺术馆建成。很多时候我们都会说,局限在建筑之中的艺术场所,就是被局限在"盒子"里的场所,而我希望我们能跳出这个"盒子",因为建筑内的艺术场所可能会越来越贵,我们应该突破这样一种限制和障碍,让更多各个层面的人去关注、消费艺术和文化。所以我们希望突破建筑的局限,现在有很多的技术可以帮助我们实现这一点,让更多人欣赏艺术。

所以,文化方面的消费和生产趋势在今天已经满足不了需求。从本质上讲,那些特定的建筑、电影院、剧院、博物馆,还有已建成的西九龙文化区管理局,这些都曾是文化的"守门人";然而现在,数字成了文化消费的主体,我们在文化消费上对数字化设备的投入远大于对那些特定场馆和建筑的投入。一个负能被担得起的创新技术意味着,现在每个人都是一个文化的生产者,"产消者"一词已经出现有一段时间了,观众有机会成为生产者的时代已经进入我们的生活。为此,如何开发和生产新的创意打破物理环境(图3),有两个方面值得我们思考。

图3 打破物理环境

第一个是"推动"。在这里我们叫做推动而非牵引。观众可以成为文化的创造者,我们可以考虑如何让观众融入进来。我们并不希望用一个牵引的方式把人都拉进来,而是希望给观众一个平台,让他们可以发挥自身的主观能动性来体验艺术,并且创造艺术。在数字化的基础之上,这种可能性会提高,我们会有更大的平台,提供更多文化欣赏的作品。

第二个是观众。他们不仅仅是旁观者,本身也是制作者。每时每刻都有人参与到创作中,包括用手机拍照、拍视频、用其他数字的设备设计游戏等。我们现在想做的事情，就是让普通的民众和专业人士集合在一起，让这些文化的创作变得更加精彩，让知识更多传递到大众那里，让他们在文化创作的这条路上获得更好的体验。

"是推动而不是牵引""打破物理环境的展示""观众产销合一"，你要摒弃房屋，让大众成为文化的制作者，说起来是很容易的事情，实则很有难度。我认为，需要让更多的观众参与进来，我们要意识到这需要社区和艺术家共同合作，同时也需要资金的提供者以及政治家的政治诚意。

在这里我提出三个原则：

（1）设计分销的项目。在数字艺术平台上，我们怎么样能够更好地以更加健康的方式传递艺术体验？这不是一种集中式的体验而是一种分散式的体验。当然，需要考虑每个节目和项目本身的情况。

（2）特定建筑的观众并不是整个过程的终点。在我们设计方案时，每次举办演出之后，我们遇到一个问题——我们怎么可以在把人吸引到剧场看节目的同时促使他们进行其他的消费，比如咖啡、酒之类。实际这不应该是演出的最后一步，你要让更多的人体验到这个艺术作品。所以我认为，创建数字体验需要突破这个房屋既有的界限，我们要让每一个人每一天在一定范围接触到的内容更加丰富，能够让人们的生活因为艺术的存在而获得更好的体验，获得更多的价值。

（3）最后一点是一个老生常谈的话题——我们如何为人们创造和生产一个能够提高城市生活的设计？我们如何以一种令人兴奋和有趣的方式来影响人们的日常生活？

这里有一个例子，是我在香港担任创意制作人的时候接触的项目——"探索霓虹"（图4）。这是一个创意艺术制片人在香港做的一个App。它由一个策展团队制作，策展人和制作人在设计这个项目展出时，主体就是拿着手机拍照的人，这些摄影的作品由这些主体在生活中用手机拍摄，这里有一个线上可以互动的展出平台，每个人都可以把自己的作品上传上去，并且在展出的过程当中进行互动。在为期 90 天的活动中，这个平台搜集了很多作品，并且进行了目录的编制，把它做出来进行展出。这个项目获得了一系列的大奖，并且也在谷歌的文化艺术界面上成为一个搜索的热点。这是一个非常好的例子，是超出房屋限制的一种实践。

图 4　香港"探索霓虹"

在这里人们在任何地方都可以拍照，只要联网就都可以看到这个平台。这就是我想提的最后一点，需要开发共享的数字文化基础设施，以便让更多人享受到这种共享的资源，现在已经有很多兴起的技术，比如云计算，比如大数据。这些可以帮助我们更多、更准确地预测未来趋势的发展，以及用于预测和服务优化数据的累积。这就是大数据。对于很多已有的资源，我们需要做的事情就是让不同的产业和领域，可以分享这些已有的资源，这也是文化服务的一部分。所以云计算和大数据基于这样一个前提——有资源可以访问和分享行业与行业间的信息，然而根据我的经验，提供数字基础设施服务的文化需要基于一个纯粹的组织，而不是一个行业，也就是说文化机构通常不会分享他们的数字基础设施或数字资源。而假如以组织为基础，每个组织都可以自己的票房系统、自己的网站，花费一个大量资金开发自己的数字基础设施。我们希望在一些组织的支持和帮助之上，更多部门能参与进来，还有一些文化机构能参与进来进行平台的搭建，促进文化资源的共享。当然，每个组织能够在自己的网站上或者社交媒体上完成这一阶段，也要仰赖于数字化的基础设施。

三、共享数字化文化的基础设施

共享数字化文化的成果，大家也应该都有体会。关于共享，在这里我想说两点。

第一点是数字基础设施的管理机构，还有很多研究机构，都在进行现状的观察和研究，还有共同的文化数据分享框架的建立。要想建立这样的框架是不容易的，我们怎么样可以有效地分享数据，同时可以让我们面对的资金困难得到解决，这也是非常重要的。我们既需要技术上的发展，也需要更好地管理这些数据。如果我们可以通过共享让文化数据得到更好地传播，经济性以及便利性会得到进一步的发展，同时我们也可以让数字基础设施的价值为更多人所见，让这些文化的产品和数据不至于相互隔绝而是能够被更多的人看到、听到。

我的想法是——加强共享文化数字基础设施（图5）的潜在好处。首先是分享网络资源，所以我之前提到每个组织都要建立自己的数字基础设施。这的确是一笔非常昂贵的开销，而实际上这一切都已经在发生了，已经有文化机构与另一文化机构合作共享数字基础设施的案例。数字化、创建网站、开发零售平台、开发复杂的票务系统、研发人员人工费、

数字化的期许与公共文化的拓展

图5　共享数字文化建设

承包商服务费,这些开销都很大,显然,数字化的应用会降低文化机构的经济负担是一种谬论。然而,我们需要文化机构与这些环节紧密相连。正如银行共享基础设施,卫生服务共享基础设施,文化也应该如此。目前的情形是,每一个文化机构都使用公共资金来运行、建立自己的数字基础设施,结果就导致许多机构间不存在共享并且开销相当巨大。所以如果两个组织共享数字基础设施,那么可能将成本降低一半,如果三个就可能会将成本降低三分之二,以此类推。

  第二点是跨文化产业和整个行业分享数据的机遇。在英国,文化产业仍然是唯一的公共资助部门。由公共资金进行资助的所有产业当中,还有目前没有真正实现和数字化共享的产业,我们要在这方面做更大的发展,无论是资金的提供者还是文化艺术行业的从业者,都需要有一个全局观,希望让整个产业接触更多信息,让大众能够共享更多这种文化艺术的数据。然而,现在还没有一体化的解决方案能够做到数据的分享,我们需要更多的协同和统一，充分利用这样的大数据。哪怕仅仅是一个小数据，在目前可能也没有共同的方法来收集或分享。只有实现了这一点，才可以充分应用我们的大数据，否则大数据仅仅是海市蜃楼。

我们可以开发一个数字基础设施的管理机构作为一个服务的机构，只有这样权威的机构才能为这个行业执行政策、满足行业的需求，我们不能根据每一个个案来服务，必须有自上而下有序的管理机构来管理。我们要避免大小机构之间展开的无序竞争，保障跨部门、跨行业的管理。同时还应建立一个泛行业性质的共同的文化数据框架，以跨语言、跨数据的框架来实现大数据的供应，只有我们有一个共识才可以实现这个框架，只有这样大数据才可以成为现实。这里有一个我们努力实现的例子——欧洲云（图6）的倡议，即允许欧洲的机构可以分享数字的基础设施，一些博物馆用这种运行方式来促进关于数据的分享框架。欧洲云是一个非常有实际意义的项目，它得到欧盟资金补助，并且帮助了欧洲的博物馆和文化机构使用并共享大数据。此外，美国和中国也已启动了类似的项目，以加速数据共享的发展趋势。

图6 "欧洲云"

我还想谈一下中国基础设施的分享,特别是在文化行业。我们很多人每天都会用淘宝,都会在淘宝上买东西。这是阿里巴巴提供的一个基础设施良好的平台,各种各样的企业家都可以利用这个平台做生意。淘宝就像是一个生态系统,让这种文化的创造者,特别是那些非常草根的文化创造者来充分利用这个平台,使自己的产品可以在中国各处均可买到。像这样的一个基础设施,我希望有一天,某些国有企业或者文化行业企业甚至美国、欧洲一些其他有公共资助的企业,也可以利用淘宝这样的平台推广文化。

而在当今中国的背景下该如何思考青年创新,思考我们的创新基础构架,思考怎样突破物理环境,这是一个振奋人心的话题,值得我们深入研究。在中国,移动网络的普及率非常高,有超过 5 亿人可以上网,并且这个数字持续在增加。每天都有上亿的人在线,从文化的内容和消费的角度来说,中国的消费对象非常庞大,有各种各样的文化项目能把全球的听众都联系在一起。在中国,过去这些年博物馆和表演艺术中心的繁荣发展中对数字化的应用,为这个行业带来基数庞大的观众群体,这样的成绩是我们都有目共睹的。

其实在谈及文化创业问题时,企业家精神也应是其中一个部分。整个创意行业规模的不断增大,很多情况下都依赖于企业家,因为这些企业家可以为行业创造就业机会,可以使行业变得更加健康,还能够提供有计划的数字化学习项目,帮助年轻一代人学到这样的文化技能。这并不是一个选择,而是一个必须的机会,我们的社会必须让年轻一代人有这样的数字化能力,尽量为下一代创意企业家创造良好的条件,中国正在不断努力的过程当中。而想要达成最终的数字化基础设施分享,这在中国到底能不能实现呢?在英国,各自为政的机构有着各自为政的体系,大型文化机构有能力和资源开发各自独立的基础设施。然而,考虑到中国大型文化基础设施的最新发展形式,中国有机会跨出英国和美国的根深蒂固模式，建立共同的文化基础设施和公共文化的数字生态系统，将智慧文化作为目前各地建设智慧城市战略的一部分，将文化基础设施作为智慧城市投资思维的一部分进行整合，使用数字来扩大我们的公共文化，实现一个公共的文化空间。

后　记

　　《世界城市（上海）文化论坛演讲录2012—2015》终于要付梓出版了。有这样一个设想差不多是三年前的事情了。在2015年度的世界城市（上海）文化论坛举办结束的年末，我就打算从四届论坛演讲中选录一批稿件辑录成书，当我将这个打算报告给同仁们的时候，得到了大家的支持和响应，复旦大学出版社也积极同意列入出版计划。因为每篇演讲录都是通过速记稿来整理的，没有想到从选文到整理工作量还真不小，拖到了今天，世界城市（上海）文化论坛又举办了三届，才得以与读者见面，真有些时光易逝、今是昨非的感觉。

　　能够举办这样一个全球性的城市文化论坛，不得不提到伦敦"世界城市文化发展报告）（World Cities Cultural Audit，简称WCCA）"这样一个项目。这是一份关于世界城市文化资产和文化发展的报告，也是一个全球性关注世界城市文化研究和城市未来发展的国际网络，是由全球多个世界城市的政府机构、大学或研究机构共同构建的一个知识交流、资源共享和城市推广的平台。该项目由伦敦市长办公室于2007年发起，委托英国BOP文化创意产业研究机构与英国伦敦国王大学、全球城市研究机构共同承担，第一轮研究对象仅选择了伦敦、纽约、上海、东京四个世界城市，并于次年发布了《2008世界城市文化发展报告》，对四个世界城市的文化发展和城市竞争力做了比较研究。在此基础上，主办方希望世界城市网络中的各个城市都能积极参与，课题合作形式为建立一个全球性研究团队，每个城市盘点各自的文化资源和文化资产。入选者有机会获取其他城市的相关数据，并与其他城市建立对话沟通。

2010 年，第二轮研究启动，研究对象扩大到 12 个世界城市。上海作为中国唯一的世界城市，再次入选。那时，我从同济大学调任上海戏剧学院，上海也制定了迈向国际文化大都市的宏伟计划，我觉得应该有这样一个平台与世界城市进行文化交流和对话。上海戏剧学院由我牵头联合同济大学等机构组成跨校研究团队，在现有公开资料和政府网站资源的基础上，经过调查研究，形成了上海文化发展报告部分，在会议上进行了交流。非常巧合的是，郭梅君博士与曾经在上海戏剧学院工作过的英国著名创意经济学家 John Howkins 向我建议与这一国际性城市文化平台合作。

2011 年 10 月，我收到了伦敦市长 Boris Johnson 的来信，邀请我作为世界城市文化报告项目顾问，带领团队加入世界城市文化观测网络，开展系列学术研究，参与《世界城市文化报告》的撰写，来信还邀请我参加 2012 年夏季的伦敦奥运峰会。为适应这一趋势，上海戏剧学院成立了大都市文化观测研究中心（MCAC）这一城市文化智库型机构［2017 年 5 月，更名为全球城市（上海）文化观测研究中心］，中心正式加入世界城市文化观测网络，参与世界城市文化的研究并共享网络资源。

2012 年 4 月 19—21 日，世界城市（上海）文化论坛在上海召开，英国 BOP 文化创意产业咨询公司共同承办，这次会议的主题定位"世界城市的文化资源"。在 21 日的闭幕式上，与会 9 个城市代表决定在 2012 年 8 月伦敦奥运伦敦文化峰会上正式发布《世界城市文化发展报告 2012》。随后，中文版于 2013 年 8 月在同济大学出版社出版。

2013 年年度的论坛得到静安区人民政府的支持，被列入区校共建的品牌内容,并连续成功地举办到 2015 年,论坛的主题分别定位世界城市设计、时尚和公共文化,论坛引起各方面巨大反响。从 2016 年开始,由于种种原因,上海社会科学院文学研究所加入并作为主办单位,与虹口区人民政府共同举办。至今又成功举办三届。

从 2012—2015 年四届论坛中选出精彩演讲辑录成书,在某种意义上也是一个纪念。在中国城市文化建设进程急遽加快的今天,重新检视当年这些演讲,仍然也还有其参考和借鉴的价值。

为论坛的举办,合作方 BOP 公司总裁 Robert Paul Owens、时任大伦敦市文化部长现为大伦敦市副市长的 Justine Simons 都付出了巨大努力,上海戏剧学院团队和静安区承办方静安区商务委员会都付出了辛劳,四届论坛还得到了上海国际艺术节和上海设计之都活动周的支持,以及海内外学界和业界的大力支持。在这里,我还是代表主办方借新书出版之际表示诚挚的感谢。

是为后记。

2018 年 11 月 23 日

图书在版编目(CIP)数据

世界城市(上海)文化论坛演讲录:2012—2015/黄昌勇,(英)保罗·欧文斯主编.
—上海:复旦大学出版社,2018.12
ISBN 978-7-309-13952-5

Ⅰ.①世… Ⅱ.①黄…②保… Ⅲ.①城市文化-文集 Ⅳ.①C912.81-53

中国版本图书馆 CIP 数据核字(2018)第 220624 号

世界城市(上海)文化论坛演讲录:2012—2015
黄昌勇 [英]保罗·欧文斯 主编
责任编辑/黄 冲

复旦大学出版社有限公司出版发行
上海市国权路 579 号 邮编:200433
网址:fupnet@fudanpress.com http://www.fudanpress.com
门市零售:86-21-65642857 团体订购:86-21-65118853
外埠邮购:86-21-65109143 出版部电话:86-21-65642845
上海丽佳制版印刷有限公司

开本 889×1194 1/24 印张 11 字数 202 千
2018 年 12 月第 1 版第 1 次印刷

ISBN 978-7-309-13952-5/C・372
定价:98.00 元

如有印装质量问题,请向复旦大学出版社有限公司出版部调换。
版权所有 侵权必究